无问西东

冈仓天心与《茶之书》

East Meets West

秋宓 著

華中科技大學出版社
http://www.hustp.com
中国·武汉

到目前为止，东西方彼此差异的人心
却是在茶碗中，才真正地相知相遇

目录

引 * * * 匆来

＊＊＊

日本太平洋东海岸福岛县，有一个地方叫勿来。

“这几天的行程是怎么安排的？”东京的朋友传来信息。

“要去一个叫作五浦的地方。”我回答。

“呃……在哪里？”

“东京以北，要坐三个小时火车。”

“哦。安全吗？我帮你查查辐射的情况。”

对呀，我怎么完全没有想到东北部接近福岛，会有辐射问题。心里紧了一下，默默祷告，千万别有问题，这可是我期盼已久的旅程。

手机响了一下，他发过来一张辐射检测图，福岛周围红色地区是辐射严重地区，五浦刚好在淡粉色之外，呈现黄色。

“应该没问题，不过真的很远。”他说。

“呼！”我松了一口气。

初春的阳光挤进百叶窗，洒进书房，清风吹过，留下一阵窸窣声。书桌上条形的阴影像跃动的钢琴键盘，弹奏着一首欢快明亮的交响曲。

为了找寻他的踪迹，我将飞越欧亚大陆，直达太平洋海岸。

谷歌地图上那个蓝色小点缓慢地移动着，我盯着那个点，不敢怠慢，转车之后还要坐两个小时火车，千万别下错站。

忽然，一个叫作“勿来”的地名闯入眼帘。五浦以北不远的地方居然有个叫“勿来”的地方，就在太平洋边上，想必是一个险峻的地方。靠近它的五浦，自然也是一个难去的地方。从东京地铁转新干线，中途还要再转火车。而且，之前在网上只找到一家像样的酒店，价格是两人起，没有选择，只好乖乖地支付价格不菲的双人的温泉酒店费用。付出这样的努力，去一个日本人都鲜有听说过的地方，心里有点忐忑。

终于到了，大津站。这是一个宁静得近乎荒凉的车站。冷清的站台上，零星几个下车的旅人，一转眼就不见了。然而，空气却温暖潮湿，有一种让人安心的味道。出口的服务台，陈旧却洁白明亮的窗口，里面有一位满脸胡茬儿的大伯。

“Taxi?”我本着简而精的方式沟通。

“Hi！”他一只手指指出口，一只手示意左边。

可是这门外也没有车，也没有人，也没有什么画着出租车的牌子，倒有几辆自行车悠闲地停在门口。一早就知道从火车站到酒店是没有公共交通的，但没想到出租车也了无踪影。

“勿来”又跳出来嘲笑我。别紧张，好在还是白天，我定了定神。不远处有一个简易的亭子，有两三个人。走过去，终于搞清楚，这就是出租车站。等吧，等有车送客来火车站。

明晃晃的太阳光下，我眯起眼睛，看着天空，想象他的六角堂对着的大海会有多么的蓝。宁静中，时间像亮晶晶的葡萄果冻，慢慢地凝固。

车来了，是一辆老旧的丰田。司机老伯的衬衫雪白笔挺，白手套一尘不染，座位的白色罩套也是出奇的干净。下一个大坡，再上一个大坡，只七八分钟的工夫，就到了酒店。

“五浦大观庄”以他的得意门生横山大观的名字命名。白色建筑古朴大气，层层错落有致，典型的日式风格。门前的广场十分阔落，在苍松翠柏的簇拥下，古朴的建筑露出一丝旖旎。

我来了，来寻你。

五浦海岸六角堂

（茨城县天心纪念五浦美术馆）

* * *

茶道是一种对『残缺』的崇拜，
是在我们都明白不可能完美的生命中，
为了成就某种可能的完美，
所进行的温柔试探。

——《茶之书》

＊＊＊

“冈仓先生：我希望在这本书前写下您的名字，因为这本书写于我们初次见面时。对我来说那时您就代表着我喜爱的日本，您有关贵国的讲座让人记忆深刻。我也希望，在我的书中能找到您思想的影子，就像草地上流过的一股清泉——可能不显而易见，但是永远存在。”

1897 年美国艺术家约翰·拉·法基[1]在他的新书《一位艺术家来自日本的信》（*An Artist's Letters from Japan*）的扉页题上这段话，感谢他的日本艺术向导与朋友——冈仓天心。

九年以后，冈仓天心的第三本英文著作《茶之书》风靡全球，其扉页上题着“致约翰·拉·法基先生”。

三月的波士顿还冷得很，吸一口潮湿的冷空气，似乎能闻到一丝春天的味道，但马路两旁的树木还是光秃秃的，未见半点绿意。即便春寒料峭，寒气逼人，灯塔街[2]的景致无论如何都是优雅迷人的。街道两旁是深红色联邦式联排别墅，红砖古朴，镶黑边的圆拱形大窗阔气别致，黑色雕花铁栅栏的露台则气质典雅，这里保留了纯正的美国新英格兰文化。灯塔街的东端是马萨诸塞州议会大厦，这一带的后湾区在一百多年前就是富人聚居区，现在更是波士顿最

[1] 约翰·拉·法基（John La Farge，1835—1910）：美国画家、壁画家、作家，亦擅长彩绘玻璃装饰。是天心的好朋友、支持者。

[2] 灯塔街（Beacon Street）：美国波士顿古老街区，现在是波士顿最好、最昂贵的街区。

昂贵的街区。在石头砌成的人行道上漫步，幽静的古巷把时间凝固在了 19 世纪末 20 世纪初，时光倒流，瞬间回到一百多年前。

1904 年 3 月 27 日，冈仓天心身穿和服，从朋友弗朗西斯·科特斯[1]位于后湾区与灯塔街平行的摩尔堡街的寓所出发，向西步行前往位于芬威大道（Fenway）的伊莎贝拉·加德纳夫人的住处——如今的加德纳夫人博物馆。冈仓天心身材健硕，步履稳健，他不但带着来自加德纳夫人的表兄弗朗西斯的亲密问候，还怀揣着著名艺术家约翰·拉·法基的一纸推荐函。他表情庄重，目光笃定，信心百倍地去会见这位被誉为“后湾女王”[2]的加德纳夫人，从此开启了波士顿上流社交圈子的大门。而他在生命的最后十年经常行走在这条芬威大道上，从加德纳夫人博物馆到波士顿美术馆，他走向事业的巅峰。

他就穿着这样一袭素色和服，胸口绣着一小朵的象征家徽的白菊花，行走在美国的街上。有一次他带着他的两个徒弟，一行三人身着和服，走在纽约街头西装革履的白人中间，像外星人一样引人注目。一个美国人挡住了他们的去路，开口问道：“你们是哪一种‘nese’？是 Chinese （中国人），Japanese （日本人），还是 Javanese （爪哇人）？”（英文把东方人以 nese 结尾，早期有种族歧视的意味。）冈仓天心立即以纯正的英文当面还击：“我们是日本人。但你是哪种‘key’？是 Yankee （美国佬），or a donkey（驴子），or a monkey（猴子）?”那人被羞辱得张口结舌，

[1] 弗朗西斯·科特斯（Francis Curtis，1878—1915）：伊莎贝拉·加德纳夫人的表兄，家境殷实，热爱日本艺术，曾在冈仓天心创办的日本美术学院学画，并资助其办学。他是冈仓天心忠实的追随者，冈仓天心在美国发展时曾得到他的鼎力相助。

[2] 后湾区是波士顿富人区，加德纳夫人被称为“后湾女王”，可见她在上流社会的显赫地位。

20世纪初期的波士顿美术馆
（茨城县天心纪念五浦美术馆）

面红耳赤，恨不得找个地缝钻进去。

西方一直存在种族歧视，即便在现今社会，有些白种人心底依然有着一小根琴弦。平时大家都是彬彬有礼的形象，种族问题秘而不宣，但白种人的高傲是刻在骨子里的，即使烧成灰也不会消失。如果哪个亚洲人行为出位或显现出非同寻常的才能时，白人们深藏心底的那根弦就会不由自主地嗡嗡作响。涵养好的，会按捺住心底的暗流，皮笑肉不笑地敷衍一番，然后头也不回地离开，其后免不得暗暗阿 Q 一番；教养差一点的，还是会把那根嗡嗡响的弦当伴奏，唱出不动听的歌。在苏格兰的一间诊所里，曾有一个白人看病，他歧视华人医生，和接待员说要苏格兰人医生帮他看病。接待员回答他说，给他看病的那位医生就是苏格兰人。这个白人说，那位医生看起来不像苏格兰人。接待员马上反问他，苏格兰人长什么样？他被问得哑口无言，只好低头默默地走出诊所。事后，那位华人医生说，这种事情在医生界是不公开的事实，大家避而不谈罢了。而这位前台接待的反种族歧视行为后来还得到了政府的表彰。

一百多年前美国大街上的那些 Yankee 们公然挑衅，但他们没想到，这位服饰奇特的东方人说得一口流利的英文。天心曾经和他儿子说过，如果你的英文够好出国就穿和服；如果你的英文说得磕磕巴巴，那还是穿西装吧。

20 世纪初的东西方文明屡屡交锋，水火不容。英国作家及诗人鲁德亚德·吉卜林[1]的诗歌《东西方的歌行》[2]中有这么一句："啊，东方是东方，西方是西方，一分为二，永不相遇。"然而，这著名的诗句在冈仓天心身上不攻自破。约翰·罗杰（John

[1] 鲁德亚德·吉卜林（Rudyard Kipling，1865—1936）：英国作家、诗人、记者。
[2]《东西方的歌行》（*The Ballad of East and West*）：鲁德亚德·吉卜林的诗歌。

Lodge）和威廉·毕格罗[1]曾在1913年12月的《博物馆公报》上撰文向他们这位日本朋友致敬：

"……他是一位'令人敬佩的克利克顿'[2]，自成一格。他对世界两端的最高文明皆有最深刻的认识，这使吉卜林的那句著名诗歌变得不合时宜。'啊，东方是东方，西方是西方，一分为二，永不相遇。'但这水火不容的东西方文明在冈仓的身上水乳交融。"

面对西方的文化侵略，冈仓天心倡导文化共融，无问西东。

这位出生于日本的一个小渔村、地地道道的日本人，却用英文写出了世界名著。他的《东洋的理想》（*The Ideals of the East*）《日本的觉醒》（*The Awakening of Japan*）和《茶之书》（*The Book of Tea*）并称为天心"英文三部曲"，第一部于伦敦首发，后两部于纽约首发。其中《茶之书》影响最大，在纽约出版后，同年在英国伦敦出版，1919年在德国出版，1927年在法国出版，百年间被翻译成十几种语言，不断重印，在世界各地出版数十种版本。冈仓天心的英文写作文笔优雅动人，深深地影响了20世纪初西方人对日本和东方文化的印象，后来《茶之书》的文章更被选入美国中学教科书。而其日文版本则是在英文首版十六年后才在日本翻译

[1] 威廉·毕格罗（William Sturgis Bigelow，1850—1926）：是伊莎贝拉·加德纳夫人的私人医生的儿子，毕业于哈佛大学医学系。他受摩斯教授（Edward Sylvester Morse）的一系列关于日本讲座的影响，爱上日本艺术，后来成为日本艺术品收藏家。他是第一批在日本生活的美国人，在日本生活了七年，他与摩斯教授和菲诺罗萨一起在日本旅行，收集了大量艺术品。他捐献了约75000件藏品给波士顿美术馆，极大地丰富了波士顿美术馆的亚洲馆藏。

[2] 《令人敬佩的克利克顿》（*The Admirable Crichton*）是一部由英格兰小说家詹姆斯·巴里（J.M. Barrie，1860—1937）于1902年创作的舞台剧。剧中人物克利克顿是一名机智过人的管家。在一次沉船事故中，克利克顿成为一众贵族的精神支柱，领导他们荒岛求生。克利克顿的真人原型是詹姆斯·克利克顿（James Crichton，1560—1582），他是一个精通语言、艺术和科学的天才，被称为"令人敬佩的克利克顿"。在这里，把冈仓天心比喻成克利克顿，旨在表达他是聪明绝顶的天才，又暗示他虽然来自比较弱势的东方，却成为被西方社会高度评价的艺术家和东方文化的代言人。

出版，那时他已离世多年。

人的命运就像一个方程式，每个人都顺着自己的方程式往前走。认识的人、发生的事，或许是早已定下的安排，有一条看不见的缘分之线将之串在一起。那个生在日本渔村的小男孩后来走在波士顿的芬威大道上，在这条从东方到西方的路上，他都遇到了哪些人？经过了哪些事？许多年以后，那些人与事是不是也像草地上的那股清泉，默默地流淌了一百多年，其清冽甘甜，又有多少人知晓呢？

一八六二年十二月二十六日

横滨，圣诞节礼日出生

出生乃是进入了一场大梦，
而踏入此梦则是为了能在离世之时，
见识到梦醒的真实。
他磨练自己的心智，
好隐晦入悠悠大众之中。

——《茶之书》

* * *

隆冬的横滨天气骤冷，寒气逼人。这座自 1859 年开放的港口城市开始从默默无闻的小渔村向国际港口的规模发展，一切都欣欣向荣，车水马龙。西方的圣诞节期间，无论是外围海岸还是内陆的运河，密密交织的运输线上船来船往，非常繁忙。本町商业街两边店铺林立，人头攒动，人力车在人群中左避右闪，来自西洋的交通工具已然融入这繁华的东方街景。而街上三三两两的洋人水手，纯正的和蹩脚的英文随着讨价还价的人呼出的白烟消散开去，为这典型的远东渔村平添一抹西洋韵味。

圣诞节后的节礼日[1]，对于主营生丝贸易生意的“石川屋”主人冈仓觉右卫门和他的第二任妻子来说是繁忙的一天。他们并不热衷这个洋人的节日，觉右卫门除了要全力以赴地对付节日带来的额外生意，还要照顾他将要临盆的妻子。圣诞节对他们来说远远不及他们第二个孩子的平安降生来得重要。两年前才移居横滨的冈仓觉右卫门租下这个店铺后就日夜劳作，生意刚上轨道，就迎来了第二个孩子。由于大儿子先天不足，他对这个老二很是期待。为了方便照顾妻子和店铺，产房就安置在店铺角落里的一个仓房里。

[1] 西方的圣诞节包括十二天，从 12 月 25 日到 1 月 3 日。节礼日是西方国家在 12 月 26 日（圣诞节翌日）庆祝的公众假日。

觉右卫门看着妻子怀中的那个熟睡的小男婴，暗暗庆幸又得了一个儿子，而且孩子看起来很健康。虽然生活忙碌辛苦，他们觉得还是应该好好庆祝一下，于是就和亲朋好友在店里为新生婴儿开了一个小型派对。有了传宗接代的儿子，这就足够了，当务之急还是做好生意，他来不及细细斟酌孩子的名字，就随口说叫作觉藏[1]（角藏）吧，就是角落里的仓库的意思。可能像中国民间的习俗那样，孩子的名字越朴实轻贱，孩子越容易抚养，越会出落得健壮结实。毕竟他的大儿子先天不足，对于孩子，除了健康，他别无所求。后来他之所以把觉藏送去上英文私塾也是因为经商的他吃了很多语言不通的亏。终日和洋人打交道，自己半路出家的英文不太灵光，让孩子学英文是务实的想法。

后来这个小男孩把自己的名字从"角落里的仓库"改成"觉醒的男孩"，之后用英文写出《日本的觉醒》，向世界宣告《东洋的理想》，而他那轻巧纤薄、不盈一握的《茶之书》的地位更是安如磐石，历久弥坚，成为世界经典。这个圣诞节礼日上天赐予冈仓家族、日本乃至全世界的珍贵礼物此刻在角落的仓库里紧闭双眼，柔软粉嫩的小嘴微微地翕动着，依偎在母亲的怀中沉沉睡去。

19 世纪后期日本被迫开港通商，武士道没落，冈仓一家的命运也像日本一样经历着变革与动荡。冈仓觉右卫门这个末代武士从事生丝生意，他每天接待不少来自西方的客人，为了应付语言障碍终日焦头烂额，他觉得当务之急便是自己学好英文，也教孩子们学好英文，以便日后之需。在觉藏出生两年后他又添一子，取名冈仓

[1] 冈仓天心的父亲为其取名为冈仓觉藏，后来他自己改名为冈仓觉三。在其父亲去世后，开始使用笔名冈仓天心，也是这个名字更为世人所知。

1880 年横滨伊势佐木町街景

冈仓天心的弟弟冈仓由三郎（1868—1936）。他是英语学家，曾任东京高等师范学校教授，编撰了《新英和大辞典》。他与天心手足情深，也是终生知己。摄于1904年。

（茨城县天心纪念五浦美术馆）

由三郎。他后来长大成为颇有名气的英语学家和作家，是冈仓天心遗书的委托人，在天心最后的日子是他守护在床前，也是他把天心过世的消息以电报的方式发给美国波士顿的伊莎贝拉和加尔各答的女诗人黛薇[1]。冈仓觉右卫门的妻子后来又怀了一个叫作蝶子的小女孩，她是天心最亲密的妹妹。她在冈仓天心患病的日子里一直照顾着他。也是因为她的降生，冈仓天心在8岁那年失去了母亲。

当时的日本还没有公立学校制度，冈仓觉右卫门开始为孩子们物色能学英文的私塾。一心想让孩子学好英文的他，后来又觉得只学英文不懂日语也是问题，于是又把天心送去学中国经典文学和日文。就是这么一个做商贩的爸爸，不只是单纯地想做好生意，后继有人，他更望子成龙。后来他的两个儿子一个是举世闻名的美术评论家，以英文写出世界经典著作；另一个是英语学家，编撰了《新英和大字典》。

[1] 普里扬芭达·黛薇（Priyambada Devi Banerjee，1871—1935）：孟加拉国女诗人，诗人泰戈尔的远亲。早年丧夫丧子，在冈仓天心第二次访印时，二人相识，互相倾慕。在冈仓天心去世前的一年多，二人鸿雁传情互相写了几十封情书，本书中《爱的书简》共收录了二人现存的所有信件。

一八七〇年

八岁 妈妈去世了

你就当我是你海滩上被遗弃的浮瓶，或是躲在轻云迷雾后的弃儿而接受我，好吗？

——《爱的书简》

* * *

8 岁的觉藏去了詹姆斯・赫本[1]博士创立的私塾。詹姆斯是美籍传教士，是日文罗马字母的发明者。他当时正忙于编辑日英字典和把《圣经・新约》翻译成日文。教觉藏英文的是另一位传教士约翰・葆拉（John Ballagh）的妻子。8 岁的觉藏在葆拉夫人的英文课堂上，第一次提笔写英文字母。他的小手那么郑重地握着笔，就像每一个第一次写字的小孩子一样，头很低，手很用力，薄薄的白纸上那些凹下去的字母从此和他结下不解之缘。天资聪颖的觉藏浸沉在英语的环境里，终日吟唱圣诗，阅读《圣经》。幼年就开始学习英文读写，使得他对英文有近乎母语般的亲切感，运用自如。这恐怕是他所有的书，包括《支那旅行日记》在内，都是在国外以英文撰写的原因吧。当他发觉自己的声音在日本无人倾听，就自然而然地转身向世界倾诉。

然而，刚刚上学的觉藏却在这一年经历了人生的巨大伤痛，妈妈在生完妹妹蝶子后患病去世。年幼的觉藏失去了母亲，被送出去寄养，这也许就是他成年后缺乏安全感的原因，导致他与女性相处时一直在寻找母爱的根源。从九鬼波津子[2]，到协助他出版第一本

[1] 詹姆斯・赫本（James Curtis Hepburn，1815—1911）：美籍传教士，日本江户时代在日本做医生及宣道师。创立了日语拉丁拼音方法平文式罗马字。编写了日本最初的日英辞典《和英语林集成》。他也在《新旧约全书》日语文本的翻译工作中担当了重要的角色。
[2] 波津子（1860—1931）：原名星崎初子，艺伎出身，九鬼隆一的妻子。她的儿子九鬼周造是日本著名的哲学家。波津子与天心发生婚外情后，与九鬼隆一离婚。她在此期间难以承受巨大的精神压力，患上了精神分裂症，后来在精神病院郁郁而终。

书的妮维迪特，到“后湾女王”伊莎贝拉，到泰戈尔的侄女黛薇，冈仓天心在众多女性友人的呵护下找寻在寒冷冬日依偎在母亲温暖怀抱的那个小婴儿，那个平凡脆弱、渴望爱抚的“觉藏”。

不久后，觉藏第一次和父亲坐火车去东京，冈仓觉右卫门惊讶地发现他的儿子不认识日文，读不懂火车站标识，他意识到儿子再这样下去，长大后恐怕会失去日本民族之根。于是他又把觉藏送到横滨近郊的长延寺寄养，师从住持玄导和尚，学习中文典籍四书五经、日本艺术、音乐和佛教。那时候的和尚精通绘画雕刻艺术，其中不乏造诣高深的艺术家。寺庙艺术氛围浓厚，觉藏在那里研读中国经典古籍，参加禅修，更开始接触到茶道、花道、书法和绘画。也许在一个秋风吹过的萧瑟的下午，他接过老和尚递过来的一杯茶，“就着象牙白瓷装盛的琥珀茶汤”，就像一个“新加入的信徒”“一亲孔子甘甜的静默寡言、老子奇趣的转折机锋，以及释迦牟尼本人的出世芬芳。”[1] 也许在一个盛夏的清晨，他侍弄着寺庙园中的花朵时，开始意识到花可以与情诗相提并论，“宁静安详，香气就能致远；无需做作，甜蜜已达人心”[2]。也许在一个初春的早课上，他听说了丹霞烧佛的故事，初闻禅与道，深受影响。在此期间，他还坚持参加教会的英文学习。佛经和循道[3] 圣歌，孔子与圣保罗给冈仓觉藏的幼小心灵同时烙上东西方文明的印记。一位精通东西方文化的美术评论家开始慢慢成长。

[1] [日]冈仓天心：《茶之书》，谷意译，济南：山东画报出版社，2010年，第6-7页。
[2] 同上，第105页.
[3] 循道宗（Methodism）：现代亦以卫理宗、卫理公会之名而著称。是基督教新教主要宗派之一。世界最大的循道宗教会是联合循道会。

一八七三年

十一岁　东京求学

豪然跨鹤上青空，
一笑吹成下界风。

——冈仓天心

＊＊＊

1873年，冈仓家的生丝店结业了。觉右卫门举家迁居东京，开始从事小客栈生意。那段时间，父亲和继母忙于刚起步的生意，无暇顾及孩子们。觉藏百无聊赖，在照顾弟弟妹妹之余，只好自己看书学习。好在不久之后，安定下来的觉右卫门把他送进了东京外国语学院初级班学习，他于13岁时进入东京开成学校学习。后来东京开成学校和东京医学院合并成为东京大学，觉藏成为东京大学第一期学员。这所大学后来共有16名校友成为日本总理大臣，9名校友获得诺贝尔奖。

东京的秋天是绚丽多姿的，一众少年从那扇红彤彤的赤门走进东京大学。一阵微风吹过，银杏叶在枝头颤动，“沙沙”地响着，像是交响乐队在演奏，又像芭蕾舞蹈家们在跳《天鹅湖》。“赤门”是御守殿门，因为漆成朱红色，故称“赤门”。1877年少年们出入的赤门是日本现在唯一留存下来的御守殿门，是东京大学的象征。明治时代的日本开始向西方文明敞开大门，东京大学是日本第一所综合大学，率先倡导西式教育，开设法律、科学、文学和医学课程。这群走在金黄色银杏大道的少年是全日本最顶尖的精英学生，他们中间云集了未来的哲学家、政治家和作家。在秋高气爽，天空湛蓝的日子里，充满生命力的银杏树叶把古老的学堂建筑装点得诗意翩翩。银杏树有节奏地跳着舞，一棵连一棵，仿佛大浪直向前涌。这班少年被寄予厚望，他们要吸收西方文化，成为日本未来的栋梁。

15 岁的觉藏就在他们中间，富有文艺气息的他在文学部真是如鱼得水。除了中日文学和政治之外，他发现威廉·霍顿[1]教授的英国文学课特别有意思。他在教授的引领下走进西方文学的殿堂，终日流连于狄更斯、萨克雷、欧文、爱伦·坡等大师的名著中。餐厅是学生们经常逗留的地方，他们在这里一边用餐一边探讨阅读心得。如果你去东京大学观光，一定会有人向你推荐东京大学的中央食堂，这个位于安田讲堂地下室的食堂以平价味美而著名，是旅客的朝圣地。1877 年的东京大学还没有安田讲堂[2]，但校园内可能也有一个售卖美味拉面和猪扒饭的食堂。那天的午餐，一位同学就大仲马的《基督山伯爵》侃侃

[1] 威廉·霍顿（William Houghton，1852—1917）：语言学家，作家，拉丁语、文学教授。曾任职东京大学，教授英国文学。

[2] 安田讲堂位于东京大学本乡总校区，正式名称为东京大学大讲堂，1925 年完工。

日本奈良県宇陀市室生寺秋景

而谈，另一位则分析着沃尔特·斯科特男爵的《艾凡赫》的框架结构，能言善辩的冈仓觉藏也争相发表《悲惨世界》对他内心的触动。他不只是一个瘦弱的少年，一双眼睛格外明亮，鼻梁挺直，有着冉阿让（《悲惨世界》男主人公）一样的坚定不屈。这个热爱文学的少年后来在波士顿的上流社会派对中旁征博引，其深厚的英美文学素养让他的美国朋友们佩服得五体投地。

少年时期的觉藏醉心艺术，不但学习古琴，还拜女艺术家奥原晴湖为师学习绘画和书法。奥原晴湖是日本四大南画家之一，热爱中国明清水墨画，就连笔名晴湖都是模仿中国女画家费晴湖。她活跃在日本艺术界，一身英气，经常以男装示人，终生未婚。冈仓觉藏在奥原晴湖的教导下，研习绘画和书法，逐渐养成过人的艺术修养。

明治维新时期的日本，汉诗风靡，所有受过教育的人都写汉诗。奥原晴湖在汉诗方面也颇有造诣，觉藏在学画的同时也开始学写汉诗，他的第一首汉诗就是为他敬佩的晴湖老师而写。诗中描写她手持宝剑，站在屹立在云端的宝塔上，冒着凛冽的寒风观望远方的星空。这诗中的意境让人不觉联想到他在《东洋的理想》中所写的“我们期待着有一把利剑，似闪电一般劈开这黑暗的天空，击破这个可怕的沉静之夜。在草木新生、鲜花铺满大地之前，要有一场生气勃勃的雨水来冲洗唤醒它们。”[1] 觉藏从小就有一种热情，一种让人振奋的感召力，这大概是深受他那位英气勃勃的晴湖老师的影响。

十几岁的觉藏沉浸在艺术和文学中，像一只崭新上好的羊毫笔

[1]［日］冈仓天心：《东洋的理想——建构日本美术史》，阎小妹译。北京：商务印书馆，2018年，第126页。

冈仓天心从 15 岁开始学习汉诗，研习书法，喜爱用汉语作诗。此诗作于 1912 年。

仰天自有初，

观物竟无吾。

星气摇秋剑，

冰心裂玉壶。

（茨城县天心纪念五浦美术馆）

浸入墨汁中，而这只饱胀丰盈的笔后来书写了闻名全球的《茶之书》。艺术成为他的终生职业，汉诗则陪伴他度过寒冷寂寞的波士顿冬天。后来他在写给黛薇的情书中提到他厌倦了波士顿上流社会的派对晚宴，宁愿待在自己的公寓“斟酌蹩脚的诗句”。

觉藏迷上了汉诗写作，自称“三匝”，自集汉诗三十首，名为《三匝堂诗草》，署名“一狂生”。一百年后再回头看，他这笔名倒也贴切至极。他还加入了一个“诗酒会”，模仿中国的“竹林七贤”，经常和一众朋友饮酒作诗，鼓瑟挥毫，好不快活。冈仓觉右卫门生怕年少的儿子终日饮酒作乐、心猿意马，变成一个不负责任的人。他决定让儿子成家，希望家庭的责任能让儿子收心成熟。于是 17 岁的冈仓觉藏和 15 岁的元子结婚了。

元子，就是后来的基子，她在嫁给觉藏之前就在冈仓家帮工。那时，觉藏是爱她的，父亲是知道天心喜欢元子才促成这门婚事的。

从 15 岁开始，她陪伴了冈仓天心三十余载。生性浪漫不羁、风流多情的天心身边常常有别的女人。但元子始终是爱他的。她曾带着一双儿女去哀求波津子把丈夫还给她，在丈夫常驻波士顿的日子里默默留守在日本，在天心病重的时候服侍左右。她是典型的传统日本女人，谦逊隐忍，对自己的男人无微不至，从一而终。

一八八〇年

十八岁　大学毕业

大师总是有可以端上台面的佳肴，
若竟有人落得饥肠辘辘，
纯粹是自己不懂品尝之故。

——《茶之书》

＊＊＊

1878 年，一位 25 岁的哈佛大学毕业生开始在东京大学任教。这位来自马萨诸塞州的西班牙裔美国人讲授西方哲学，他就是欧内斯特・菲诺罗萨[1]。这位教授哲学的美国人却深深地迷上了日本艺术，而他与冈仓天心的偶然相遇成就了一对美日文化交流的最佳拍档。多年之后，二人先后在波士顿美术馆亚洲馆工作，他们合作默契，致力于保护日本艺术运动。这一时期的觉藏已经开始改名“觉三”，意思是“觉醒的男孩”。菲诺罗萨与冈仓觉三亦师亦友，其对日本传统美术的痴迷深深地影响了学生时代的冈仓天心，他或许就是后来拉・法基题在自己书前话语中的那“一股清泉”的源头。

初到日本，不谙日文的菲诺罗萨立刻注意到有一个叫冈仓觉三的学生英文流利，聪明醒目，就委托他做自己的课堂翻译和私人向导。年轻的美国教授很快就迷上了日本艺术，他流连于古董店和美术馆，开始收藏艺术品。觉藏陪同他逛古董店，搜寻原汁原味的日本民间艺术品。那时古艺术品像垃圾一样被当地人扫地出门，外国人可以以低廉的价格买到如此珍贵的日本艺术品，这激发了冈仓觉三要保护日本艺术的决心。

1880 年 7 月冈仓觉三刚完成的毕业论文《国家论》被孕中气

[1] 欧内斯特・菲诺罗萨（Ernest Fenollosa，1853—1908）：美国艺术家，明治时期致力于保护日本艺术。曾任东京大学哲学和政治经济学教授。

愤的基子扔进火堆，付之一炬。究竟是什么令她如此生气？已不可知。她显然还未学会在婚姻中忍辱负重，或者说他们还在新婚的甜蜜期，她的身上还保留着少女的骄纵和任性，那或许是她在婚姻中最幸福的时期。

欧内斯特·菲诺罗萨

年轻时的基子面庞圆润，眉目清秀，目光恬静。天心的美国女性朋友，歌唱家克拉若·科罗格[1]在东京拜访她后也称赞她面容可爱，仪态迷人。她心爱的男人才华横溢，她或许已经尝到丈夫不忠的苦涩，然而她有一种笃定坚持，认定无论如何都要继续和丈夫走下去。

十六年后，当初她肚中那个婴儿长成高大的一雄，女儿高丽子也出落成少女。当她得知丈夫和一个近亲诞下一个私生子，又与一个叫波津子的女人打得火热时，她带着一双儿女去波津子家乞求波津子把丈夫还给自己，受尽羞辱之后她愤然离家，但还不忘嘱托丈夫的上司劝丈夫回心转

[1] 克拉若·科罗格（Clara Kellogg，1842—1916）：美国女高音歌唱家，冈仓天心的朋友。

意。那时候的她在尝尽婚姻的苦涩之后，还是决定留下来，或者她根本就没有别的选择。

感情常常是不平等的，会有一方爱另一方多一些。基子就是爱对方多一些的那一位。天心给黛薇写的十九封情书中，曾写过自己的私生活，但对基子几乎只字未提。在他离世前两周给黛薇的最后一封信中提到自己在女儿和妹妹的陪伴下在赤仓的别墅休养，故意不提侍奉左右的基子。而基子早已经习惯丈夫的移情别恋，接受这种只有亲情没有爱情的婚姻。

无论如何，1880 年的她还是骄纵的、幸福的，还是可以随便发脾气的新婚妻子。

冈仓觉三没法在两周内再写一篇《国家论》，于是他以自己熟知的艺术为题材，快速地写了一篇名为《艺术论》的论文。7 月 10 日，18 岁的冈仓觉三以倒数第二名的成绩毕业于东京大学文学部，主修政治学和理财学。

菲诺罗萨经常在东京的艺术家集会上发表演说，而已经大学毕业的冈仓觉三继续为他担任翻译，菲诺罗萨把西方的油画与日本水墨画对比，认为日本画混合色彩绘制光与影的技巧在西方油画之上，提醒日本人不要盲目崇拜西方艺术，应当用批判性思维看待西方艺术。冈仓觉三在翻译的同时深受影响，坚信东西方艺术并驾齐驱，各有优势，理应互补，不能盲目崇拜和模仿西方艺术。

大学毕业的觉三受聘日本文部省，成为文省高官九鬼隆一的下属。九鬼支持菲诺罗萨的观点，主张保护日本美术。这三人联手奠定了日本美术未来的发展方向。冈仓觉三找到了事业上的得力伙伴，也将遇到那个真正改变他的事业与生活轨迹的女人。

一八八四年

二十二岁　梦殿

真正动人的，
是艺术大师们的灵魂而非双手，
是他们的风采而非技术。

——《茶之书》

23 岁的冈仓天心，模样清秀羞涩。

* * *

这张是我能找到的他最年轻的照片。照片上的他与后来的他是那么的不一样。冈仓天心的照片中有很多是不看镜头的，不过随着年龄的增长，他不再羞涩，不再躲避镜头的眼光中开始包含着一种不屑、自负和骄傲。然而这张照片上的他，清瘦俊秀，鼻梁挺直。尽管面颊的轮廓已经开始显现出坚定的线条，但是他的眼帘低垂，带着一丝羞涩，紧闭的嘴角也透出些许的迟疑。他的头发乌黑浓密，左边的头发好像不情愿被头发的分界线限制，有越界的渴望。这个“觉醒的男孩”似乎正陷入沉思，在思考何时抬起那双明亮的眼睛。

冈仓觉三和菲诺罗萨这对好拍档奉文部省之命调查全日本的古寺庙、神社所持有的艺术品并编辑目录。他们身着笔挺西装，手持政府特函，推开一扇扇尘封的大门，探索深藏的艺术遗产，过程犹如一次次探险，刺激有趣。其中法隆寺的梦殿给二人留下了最深刻的印象。

1884 年那个夏天，天气闷热，太阳火辣辣地照着，冈仓觉三和菲诺罗萨向奈良郊区进发。这一次的目的地古老神秘，有着埃及金字塔般摄人心魄的魅力。他们既兴奋又有些忐忑不安。

法隆寺又称斑鸠寺，是飞鸟时代建造的佛教木结构寺院，保存有大量自飞鸟时代以来积累的文化珍宝和重要建筑。法隆寺占地面积约 18.7 万平方米，分东西两院。西院有著名的金堂和五重塔，而东院则有梦殿。这个八角式的神殿建于传说中圣德太子居住过的

法隆寺梦殿

（z tanuki 摄影，Wikimedia Commons）

“斑鸠宫迹”上。据说太子在寝宫睡觉时梦见菩萨回答其关于经典的疑问，后人仿照传说中的圣德太子居室的样子而兴建此建筑，因此被称为梦殿。

冈仓觉三和菲诺罗萨站在湛蓝天空下的八角圆堂前，冈仓觉三眯起眼睛打量着这座神秘的建筑。从中间向外翻开的屋顶搭配八角的屋堂设计，协调优雅、古朴神秘，木质门窗紧闭，暗示着这里并不欢迎造访的客人。冈仓觉三的心被莫名地触动，这八角圆堂与天地相通，神圣梦幻，给他一种归属感。这也许就是后来他兴建五浦六角堂的灵感来源。

如此摄人心魄的艺术殿堂，却已经尘封超过几百年。老方丈坚持古训，拒绝打开殿门。寺里的僧人们坚信，贸然打开梦殿之门会惊扰神灵，引来雷鸣电闪和强烈的地震，导致人殿尽毁。身穿西服的冈仓觉三和菲诺罗萨以政府的名义命令僧人们立即开门，他们怎能容忍这样的宝藏继续埋没？最后僧人们不得不屈服，锈迹斑斑的锁头被开启时的紧张与兴奋真是令人难忘，菲诺罗萨多年之后在其著作《中国和日本的艺术时代》中写道：

“我永远不能忘记当久弃不用的钥匙在生锈的锁孔中转动时的

那种感觉，那么漫长。”

冈仓觉三当然也不能忘记锁头开启的那一瞬间，在他的“日本艺术史”课堂上，每每讲到这里他都兴奋不已，好像重回那惊心动魄的一刻。

“僧人们惊恐地四下逃散。当神殿的门打开时，积累了上千年的恶臭迎面袭来。扫除蜘蛛网后，一个东山时代的矮桌呈现在我们的眼前。移开它之后，那座雕像就伫立在我们面前，大约八九尺高，雕像全身缠满了布。人类的入侵惊得蛇鼠四窜，也着实把我们吓了一跳。我们靠近雕像，当缠在身上的布被移除之后，露出了底层包裹的白纸，透过白纸，我们看到了雕像圣宁的面庞。这是人生中少有的最幸福的时刻。幸运的是，并没有电闪雷劈，僧人们终于安心了。”[1]

这尊救世观音像为木雕贴金，与圣德太子等身，精美独特，令人叹为观止，它几百年来第一次被揭开面纱呈现在世人面前。

菲诺罗萨在帮日本政府编辑日本艺术目录时，自己的私人收藏也颇有长进。后来他成功地邀请他的波士顿富豪朋友威廉・毕格罗访问日本。毕格罗是著名医生，波士顿美术馆创始人亨利・毕格罗[2]的儿子。他于1881年停止行医去日本，开始对日本艺术品产生极大兴趣，于是出资支持菲诺罗萨收藏日本艺术品。明治早期他们以低廉的价格收购了大量日本人扔出家门的古艺术品。毕格罗抓住了日本人除旧布新的机会，收藏了数以千计的古艺术珍品，后来悉数捐赠给波士顿美术馆，使其拥有全美国最大最全的亚洲藏品。而菲诺罗萨和冈仓天心两人更先后在波士顿美术馆工作，保管这批藏品。

[1] Bruce Richardson, *The Book of Tea—Introduction by Bruce Richardson*, Perryville: Benjamin Press, 2011, p.15.

[2] 亨利・毕格罗（Henry Jacob Bigelow, 1818—1890）：著名医生，哈佛大学外科医学教授。是伊莎贝拉・加德纳夫人的家庭医生，威廉・毕格罗的父亲。

一八八六年

二十四岁　初识波士顿精英

东西方彼此差异的人心，
却是在茶碗中，
才真正地相知相遇。

——《茶之书》

* * *

19 世纪后期，一众波士顿精英阶层争相访问日本。这群热爱艺术，聚居在波士顿的新英格兰精英称自己为“波士顿婆罗门”[1]。他们反对现代化，迷恋东方文化和中世纪文化，质疑工业革命和唯物主义，转而向东方哲学和日本艺术寻求答案。他们有足够的钱财，可以随心所欲地周游亚洲列国，探险猎奇，并与在世界崭露头角的日本结缘，称自己是“日本主义”[2]者。

除了菲诺罗萨和毕格罗，还有约翰·拉·法基，亨利·亚当斯[3]和社交名媛伊

约翰·拉·法基（1835—1910）：美国艺术家，天心的好朋友，支持者。

[1] 波士顿婆罗门（The Boston Brahmins）：19 世纪美国东海岸精英阶层人士自称“波士顿婆罗门”，他们多数是早期美洲殖民者的后代，是当地历史最悠久的上流家族，包括国父亚当斯家族和著名的福布斯家族。这些白人信仰基督新教，从精英学府毕业，他们通常在阶层内联姻，以保证血统纯正。冈仓天心的很多美国朋友都来自这个阶层，他们为天心在美国上流社会站稳脚跟提供了很多帮助。

[2] 日本主义（Japonisme）：19 世纪中叶在欧洲和美国掀起一种和风热潮，崇拜日本艺术。

[3] 亨利·亚当斯（Henry Adams，1838—1918）：美国历史学家，小说家。毕业于哈佛大学，是亚当斯家族成员，美国总统约翰·亚当斯的曾孙。

莎贝拉·加德纳[1]。这群富有的日本文化和东方哲学爱好者，都以各自的节奏不约而同地遇到了一个叫冈仓觉三的日本人，他对日本美术和亚洲艺术独到的见解和丰富的知识深深地吸引了他们，成为流过他们生命的“一股清泉”。

在我搜集到的所有天心的肖像中，只有这张是穿西装拍的。他望着镜头，头发梳得很服帖，那么年轻自信，好像全世界都得给他让路。

1886年的一个夏日，24岁的冈仓觉三迎来了两位来自美国的日本艺术爱好者，艺术家约翰·拉·法基和他的朋友亨利·亚当斯。约翰·拉·法基面前的这位日本青年向导举止优雅，不但谙熟日本艺术和风俗还操着一口流利的英文，旁征博引，无论莎士比亚还是詹姆士王圣经，他都信手拈来。他时而正襟危坐地搅动茶筅，为美国朋友献上一杯泡沫细腻的日本抹茶；时而对比东西方文化，就东方艺术如何超越西方艺术侃侃而谈。艺术家约翰·拉·法基为这位瘦削青年的博学和独特的人格魅力所倾倒，三人迅速成为好友。

一次相遇，结成一生的友谊。为了纪念三人的缘分，拉·法基在十年后出版的《一位艺术家来自日本的信》一书的扉页上题词将此书献给冈仓觉三和亨利·亚当斯。冈仓觉三从此犹如一股清泉缓缓地流入他美国朋友们的生活中。而这群波士顿的“婆罗门”也为他们的日本朋友打开了美国的大门。“落在水中的花瓣被激流冲散后总会在终点相遇”，拉·法基在扉页中最后如是写道。远隔重洋的他们在日本相遇，又在不远的将来在波士顿重逢，志同道合的伙

[1] 伊莎贝拉·加德纳（Isabella Gardner，1840—1924）：创办伊莎贝拉·斯图尔德·加德纳博物馆，被誉为美国最早、最成功和最具特色的博物馆。冈仓天心的红颜知己，对天心在美国的事业发展鼎力相助。

冈仓天心，24 岁。年轻的冈仓天心受西方文化影响，也穿上了西装。同年，他身穿和服第一次访问美国。之后，他致力于保护日本美术，就罕穿西装了。摄于 1886 年。（茨城县天心纪念五浦美术馆）

伴从来就不会失散。拉·法基此刻已经期待把这位奇才介绍给家乡的朋友，而冈仓觉三则在与美国朋友相处的过程中开始学习如何向西方宣传日本文化。他在等待一个机会，一个登上世界舞台的机会。

同年秋天，冈仓觉三受文部省委任，作为美术调查委员会的委员，与菲诺罗萨一起到欧美考察。24 岁的觉三已经是两个孩子的父亲，成熟稳重，潇洒干练。1886 年 9 月，他与菲诺罗萨及其家人，归国的拉·法基、亚当斯和毕格罗登上从横滨去往洛杉矶的轮船。

在朋友的强烈建议下，他身穿日本和服开始了他的西方之旅。

他曾经对儿子说："我第一次去欧洲旅行是穿日本和服的。如果你对自己的英文很自信的话，我建议你穿和服出游。不过，如果你英文说得磕磕巴巴，可千万别穿和服。"

拉·法基迅速地为他引以为傲的朋友组织了一系列派对和活动。身穿华丽和服的冈仓觉三立即成为纽约社交场的焦点。在画家、音乐家、编辑、作家等上流社会人士的簇拥下，冈仓觉三显露出高超的社交能力，他不卑不亢、妙语连珠。他更有出口成章，随口咏诵中日诗词的本事，大受女士们欢迎，无论是成熟女士还是青春少艾，都为他着迷。比冈仓觉三大 20 岁的国际歌剧明星克拉若·科罗格也为之倾倒，视他为东方哲学老师。

她在《一位美国首席女高音回忆录》中重温了和冈仓天心初次见面的情形：

"当我在纽约理查德·基德尔[1]的公寓初次见到冈仓时，他才26岁，已经是教授了，不但说着纯正的英文，还熟知我们的文学经典。在弗朗西斯·珂贝[2]为同僚保加利亚画家孟柯思举办的欢迎会上，我结识了我的日本朋友。那是一个迷人的夜晚，冈仓在晚会上大放异彩。最初介绍时说他不过是一个普通教授，当他和大家逐个认识后，就成了大家心目中的亚洲王子和百万富翁。他身着高贵的正装，仪表不凡、风度翩翩。

"几年之后我去东京拜见了他的夫人。虽然那时冈仓在大阪，但我觉得我是出于礼貌而去拜访他的夫人的。在东京美术学校，我

[1] 理查德·基德尔（Richard Watson Gilder，1844—1909）：美国诗人、编辑。
[2] 弗朗西斯·珂贝（Francis Korbay，1846—1913）：匈牙利音乐家。

要求会见冈仓夫人。他们对我的要求表现得很错愕。后来我才意识到我被盘问得如此仔细。我进门时，被要求脱掉鞋子。我当时穿了绑带高筒靴，脱鞋是不可能的。而且那是一个异常寒冷的冬天，他们没有给我提供任何鞋子，不像寺庙入口处有拖鞋提供。为我拒绝脱鞋的事情扰攘了一会儿，我终于被带到一个边厅，我可以坐在椅子上（这里还有椅子真令人惊奇）和跪着的主人说话。纸质屏风推开就是室内，简单的设计，高明得不可思议。家具就是一个漂亮的火盆，两幅罕有的壁画，仅此而已。

克拉若·科罗格，国际歌剧明星，女高音歌唱家，是天心要好的美国女性朋友之一。

“冈仓夫人身穿灰色和服，赤着脚走进来。她跪下来，以我可以想象到的最美丽的方式向我致敬。我们通过一位翻译谈话，直到她女儿进来，和我说蹩脚有限的法语。女儿缺乏魅力，嘴唇画得通红，但是妈妈很可爱。就像最优雅的巴黎美人乔装的‘日本女士’那样迷人。

“不久后我见到了冈仓，和他提到我很开心见到了他的夫人。他厌恶地瞟了我一眼，保持沉默。我当时不知所措，羞愧难当。不明白为什么他看起来就像是荣誉被侵犯了一样。那时，我才明白，在日本男人面前提及他的妻子是不可饶恕的罪过。”[1]

克拉若・科罗格经常出席美国上层社交晚会，是位深受欢迎的歌唱家。据她回忆，她经常在派对晚宴上献唱，活跃气氛。达官显贵和艺术家们在派对上各取所需，艺术家们献艺娱乐，达官显贵们则为艺术家们提供金钱和权力上的支持。冈仓觉三初入社交圈，就立刻洞察到其中的规则，他投其所好，常常轻而易举地把晚会推向高潮，为自己赢得了众多上层人士的支持。然而他后来在波士顿的日子里已经厌倦了社交派对，深深地感到灵魂上的孤独。他深谙美国社交场上女人的地位，和众多女士保持着密切友好的关系，给克拉若也写了不少信。克拉若爱看他的来信，视若珍宝，后来还把这些信收录在她的书中。当然，冈仓觉三对克拉若私自拜访基子感到不快，估计是有些尴尬吧。

1887 年 1 月 4 日，冈仓觉三坐在离开美国驶向欧洲的轮船上，握笔沉思。他沉浸在对美国朋友的思念中，尽管冬日的海风冰冷刺骨，但想到朋友们的热情款待还是让他心里暖洋洋的。他提笔写信给克拉若，写道：

“再有三天就到法国了。归来的云朵在西海岸游荡，海浪把我带回梦中与您相遇。您的音乐深驻我心。我带着您的声音离开美国，难道这不是这个国家能带给我的最美好的记忆吗？但是称赞您的歌声伟大像是恭维，赞美您的声音美妙像是爱情。对您来说这些赞美都味同嚼蜡，枯燥至极。我需忍住不说吧……”[2]

[1] Clara Louise Kellogg, *Memoirs of an American Prima Donna*, New York: The Knickerbocker Press, 1913, p.219.

[2] Clara Louise Kellogg, *Memoirs of an American Prima Donna*, New York: The Knicker bocker Press. 1913, p.221.

冈仓觉三的信用词细腻体贴，看着这样的信，没有哪个女人能不为之着迷。风流多情的冈仓觉三在生命中遇见那么多才华横溢的女子，他是真心欣赏她们的。他每每离开一个地方，人还在路途中，就迫不及待地落笔写信。那些柔情满溢的信笺满是真诚的赞美，由衷的欣赏，没有丝毫的谄媚猥琐。

离开了美国的朋友们，冈仓觉三开始了为期九个月的欧洲考察。他与菲诺罗萨走遍法国、瑞士、奥地利、意大利、西班牙和英国。他沉浸在欧洲的美术和文化中，思想逐步走向成熟，这段经历帮助他形成了他的东西方文化论。他提出东西方文化存在差异，但无品格高下之分，东方的文人们应当避免全盘西化和顽固自守，更不该当无主义的骑墙派。他提倡东西方应互相汲取对方的长处，不断创新求变，从而适应社会的进步。美术事业可以陶冶国民情操，有增强国力的重要作用。他以发展的眼光、开阔的国际视野来理解东西方美术和文化的本质与价值，开始成长为一个成熟的美术思想家和艺术评论家。这次欧美考察使冈仓觉三走出导师菲诺罗萨的影响，对自己的理念有了强烈的自信。这个觉醒的男孩翻开了他人生中最辉煌的一页。

欧洲考察结束后，他们回到了美国。当冈仓觉三乘船从美国返回日本的时候，他多了一位旅伴——上司九鬼隆一的妻子波津子。九鬼隆一托付冈仓觉三护送他怀有身孕而不习惯美国生活的妻子回日本。而冈仓觉三的这位特殊的旅伴在十年后，为他在日本如日中天的事业画上了句号。

一八九〇年

二十八岁　马背上的王子

若想真正欣赏艺术，
唯有让艺术成为生活的一部分才有可能。

——《茶之书》

＊ ＊ ＊

每 350 个申请者，只有 60 名会被录取。东京美术学校是全日本艺术学生心目中的理想殿堂。1889 年 2 月正式开课的东京美术学校以推广日本本土艺术为核心，开始了绘画、雕塑、艺术应用和设计技巧课程，还计划开设建筑学课程。校长冈仓觉三还兼任帝国博物馆理事及美术部部长、日本青年绘画协会会长等职务，风头一时无两。冈仓觉三校长认为学校的目标不应只是训练学生的艺术技巧，还要培养他们的人格，倡导艺术要有个人的独特风格和创意。

冈仓觉三对服装有着独特的品位。他总是自己设计服装，喜欢走复古路线，若无其事地穿着别人眼中的奇装异服出门。这源于一种强烈的自信，一种艺术家的眼光和他不羁的个性。

他注意到当时越来越多日本人的服饰开始西化，于是设计了一套特别的制服。这套奇怪的仿古长袍（衣服的两侧不缝，袖子以下是敞开着的）和乌纱帽，灵感来自中国的道教袍子。

这种复古设计让一些教员觉得古怪难堪。有好些人不好意思穿着制服出门，不得不把制服寄放在学校附近的朋友家里，上下学时才匆匆换上。而他们的校长则气宇轩昂地穿着复古制服，骑着马来上班。

横山大观曾回忆当时的校服，写道：

“因为学校规定，所以我有穿制服，并没有理会是否看起来比较奇怪。如果你是一个比较害羞的人，可能不敢穿着上街，因为实在是太引人注目了。冈仓穿着制服，好像头上戴了一顶皇冠，还骑着马，看起来很开心。”[1]

照片中的他骑在马背上，看着镜头，满脸的自信，眼神中没有丝毫迟疑。他已脱胎换骨，从一个瘦削的青年成长为健壮干练的成年男人，从一个聪明灵气的学生成长为身兼数职、才华横溢的青年才俊。冈仓觉三正值人生事业的第一个巅峰。

有“马背上的王子”绰号的他，有时练习射箭，有时独自骑马外出，随心所欲，从不在乎别人的目光。每年秋天，他都带着基子和一双儿女去离东京不远的武藏野平原秋游。那是水稻成熟的季节，山谷中的水田渐渐转为黄色。他们一家人走在纵横在这原野之中的数十条小径上，早晨沉醉在清新怡人的朝露中，傍晚流连于缤纷美丽的云霞下。他们沿着迂回的道路，有时穿过树林，有时又跨过了原野。他喜欢大自然的宁静和粗糙，相信儿女在山野中能得到最好的磨炼，他认为只有天与地才能陶冶他们的情操。

身为校长的冈仓觉三桀骜不驯，常常做出既浪漫又惊人的举动。每年过年，东京美术学校都会举办盛大的庆祝晚会，他让全校师生共饮一大杯酒，把酒言欢，共同庆祝新的一年。据说他们还经常在人烟稀少的山边密林露营，夜半时分被唤醒，听冈仓校长在月光下畅谈美术之道。美国芝加哥展览筹办委员会到东京时，冈仓觉三准备了上百个装饰着日本旗帜的清酒杯，顺墨田河漂流而下，而美国客人和日方陪同则在下游乘坐豪华船只捞上酒杯，宾主共饮清酒，这个非同寻常的活动异常成功。如此心思独特地款待美国来宾，一

[1] Yokoyama Taikan, *Taikan Jiden*, Tokyo: Kōdansha, 1981, p.26.

“马背上的王子”－冈仓天心身穿东京美术学校制服，骑着他最钟爱的马匹“若草（Wakakusa）”（茨城县天心纪念五浦美术馆）

尽地主之谊，是对他几年前在美国受到的热情接待的回赠吧。然而这次活动花费不菲，后来被人诟病。

他对朋友热情好客、讲义气，经常请朋友到家里来，一边畅谈一边饮酒，酒兴高时更吟诗高歌一番，当然也不乏酒醉狂言之时。虽然他收入颇丰，但经常慷慨请客，花费不少，家庭经济状况也一度出现问题。

1890 年 9 月菲诺罗萨返回美国到波士顿美术馆任职后，冈仓觉三开始讲授“日本美术史”和“西方美术史”，展现了其深厚的艺术鉴赏功底，他的美学思想也在这一时期逐渐走向成熟。

一八九三年

三十一岁　芝加哥万国博览会

若要淋漓尽致地赏玩艺术，
就必定得真诚面对此刻的生活与生命。

——《茶之书》

* * *

1893年5月到10月芝加哥的万国博览会缔造了一个真正的“梦幻城市”。密歇根湖畔的展区与芝加哥城市形成鲜明的对比，整个会场在夜晚灯火通明，与密歇根湖交相辉映，沐浴在超凡脱俗的光芒之中。位于奥姆斯泰德泻湖（Olmsted Lake）中央的伍德岛（Wooded Island）上，优雅地伫立着一幢日本中世纪寺庙——凤凰堂。

芝加哥的媒体记者们争相报道那些“古怪、快乐、勤劳的日本工匠”是如何组装这幢日本寺庙的。《哈勃周刊》（*Harpers Weekly*）赞叹道：“多么聪明灵巧的日本工匠啊！”

日本工匠们不用一根钉子，不搭一条梯子，只用斧子、刨子和绳子就组装起这所壮观的寺庙。他们安静有序地工作着，与泻湖对面那些大型机器轰隆作响、工人们热火朝天的景象形成鲜明的对比。古朴庄严的凤凰堂安静地伫立在美国的土地上，这是东方的朴素极简与西方的奢华烦琐的对比，是侘寂[1]与热闹的面对面。

这个伫立着东方木建筑的小岛每到夜晚就更加迷人，道路两旁点缀着各色玻璃小油灯。当其他园区被亮如白昼的大电灯照得雪亮时，游人们越发喜爱这个荧光闪烁、轻松恬静的小岛。人们会逃离被人类物欲与科技充斥的展馆来到这个古朴优雅的东方展馆透透

[1] 侘寂（日语罗马音：Wabi-sabi）：一种以接受短暂和不完美为核心的日式美学，是日式传统美学最显著的特点。侘寂的美有时被描述为“不完美的、无常的、不完整的”。侘寂的特征包括不对称、粗糙、不规则、简单、经济、低调、亲密和展现自然的完整性。

气。当世博会结束后，别的展馆都被拆除，而日本的凤凰堂却在原地被保留到 1946 年。

参观凤凰堂的游人们都会收到一本详细的英文导览小册子。每一个房间、每一件家具、每一件陈列品都有图片和详尽的介绍。这本制作精良的英文导览的撰写者就是冈仓觉三，而整个凤凰堂则是东京美术学校全体师生的杰作。导览简介中，冈仓觉三以他独特浪漫的笔调写道，日本是凤凰的诞生地，凤凰堂造型似展翅的凤凰，把日本一千年来的文化瑰宝带到大洋彼岸，来到充满温情厚意的美国。这些艺术品虽然还谈不上是世界名作，但是期望能为博览会增添光彩。这本小册子介绍了天平、藤原和足利三个文化时期的美术特征，参展建筑与陈列品的特色巧妙地把历史、文化和美术融合在一起。

冈仓觉三让这幢古老而尊贵的日本建筑物在大洋彼岸的美国再现，不但让西方人惊艳于其繁复精密的搭建方法，更打开他们的视野，使其认识到日本古寺庙建筑不论是在色彩组合或是各种细节处理的精巧程度上，它们都足以与阿拉伯人或摩尔人风格中最为灿烂华丽的建筑艺术并驾齐驱。

虽然冈仓觉三并未亲临现场，但是他的老师菲诺罗萨在开幕式的演讲中向他为展会做出的努力致敬。后来《世纪》（Century）杂志刊登了菲诺罗萨的演讲稿。在演讲中，他说道：

“首先，我要向东京美术学校的校长冈仓觉三先生致敬，感谢他为精彩的日本展馆做出的贡献。他让历史再现于我们眼前，从建于 11 世纪的宇治平等院的有趣比例及装饰到最质朴的陶器在形状和釉层上的创新。每件展品、每一个细节，无一不渗透着他睿智的思想。”

一八九八年

三十六岁　日本美术学院

在这个万事民主化的时代，
人们叫嚷着凡是最受大众欢迎的，
就等于是最好的，无视心底感受为何。
他们要的是昂贵，而不是精致；
不是美丽，而是时髦。

——《茶之书》

冈仓天心的样子老了很多。他眼神中透着轻蔑，样子看起来很生气，两手在胸前交叉，是拒人千里的姿态。摄于1898年，那年发生了东京美术学校骚动事件。（茨城县天心纪念五浦美术馆）

＊＊＊

照片中的他又不看镜头了。眼睛向斜下方轻蔑地瞄着，嘴唇在浓密的胡须下紧闭着，嘴角微微向右撇，两腮有点鼓胀，一副气鼓鼓、不耐烦的样子。头发微微卷曲，让他看起来更倔强了。他两只手臂在胸前交叉着，是自负、自卫、拒人千里的姿态。所有的肖像中，只有这一张照片中的他看起来那么不平静。他生着闷气无人诉说，在心中盘算着如何对付接踵而来的棘手事件。1896 年父亲去世之后，他开始用一个新的笔名：天心。这个名字伴随他度过了人生的低谷，也见证了他如何重整旗鼓，登上世界舞台。

那个多年前随他从美国乘船回日本，怀有身孕的日本驻华盛顿公使九鬼隆一的妻子波津子，已经与丈夫分居。冈仓天心的上司九鬼隆一颇欣赏他的才华，令其和自己一道去奈良等地调查古代美术，并到欧美考察。九鬼还信任地托他把妻子护送回国。艺伎出身的 27 岁的波津子成熟貌美，25 岁的天心浪漫奔放，从美国到日本的一个多月的枯燥的海上生活中两人互相陪伴，暗生情愫。波津子肚中的胎儿就是后来以“粹”之美学和偶然性哲学[1]研究而闻名的九鬼周造。

1896 年，周造 8 岁时，波津子因不满九鬼隆一公然在外面寻花问柳，断然与其分居。当时达官贵人有情人颇为寻常，而波津子

[1] 偶然性哲学认为个体本身的存在就是偶然的，在存在的过程中又不断地与他人邂逅而改变个体的命运。命运由“缘”维系着，缘分的存在完全是偶然的。世界是难以预测的偶然世界。

九鬼波津子（1860—1931），因与天心相恋导致与九鬼隆一离婚，其间饱受精神打击，最后死于精神病院。她是天心心底永远的痛。

如此洒脱决绝可能是因为她自己也移情别恋，早已爱上了天心。于是她带着周造和二儿子三郎住在东京根岸的“御行松”附近，离位于上跟岸的天心家很近。周造小时候叫经常来家里拜访的天心为“伯父”，他也常常到天心和天心的弟弟由三郎的家里玩。童年时，周造父母不和，他缺乏父爱，与经常造访的天心很亲近，视其为父亲。他回忆天心“一般是傍晚登门，通常在一楼与二楼之间的里屋，在纸罩蜡灯下，和母亲一起吃晚饭。我总是看见酒壶，也不时见到他的红脸。我常常躺在母亲的膝盖上听他说话。”[1] 天心对年幼的周造很爱护，带他去美术学校看学生画画，给他绘声绘色地讲述自己去朝鲜旅行的趣事，讲廉颇和蔺相如的典故，也带他和自己的儿子一雄一起打猎。一次打猎，在茶店休息时，茶店老板还恭维说周造和天心这对“父子”很像，而天心只是默默地笑。

那时的天心经常骑马出行，于是对周造说骑驴上学好，让周造向爸爸提议买一头驴来。年幼的周造每天满怀期望地等待一头小驴从爸爸居住的三年町的方向走过来，可是驴始终没有来，倒是天心向他应允的秋千很快就在院子里安好了。

周造对天心说，有一次，他在父亲三年町的家里时，家里来了客人，父亲却让他告诉客人自己不在家。天心微笑着说：“伯父不会假装不在家。”天心在幼年周造的生活中有着举足轻重的地位，给他留下了深刻的印象。

不久，流言四起，天心和波津子的恋情曝光后，天心的妻子基子带着一双儿女跑去波津子家里，请求她把丈夫还给自己。基子忍气吞声地带着一雄和高丽子跪在波津子面前，深深地鞠躬，请求她

[1] [日] 冈仓天心、九鬼周造：《茶之书 · “粹”的构造》，江川澜、杨光译。上海：上海人民出版社，第 195 页。

把孩子们的爸爸还给他们。她那被美国歌剧明星克拉若·科罗格称赞为“最美丽的方式”鞠躬礼的仪态却换来一句轻蔑的羞辱，波津子说如果你的丈夫那么重要，为什么你不用链条把他锁在家里。气愤之至的基子离开后就与天心分居了，并生了一场大病。

九鬼隆一为了让妻子离开天心，强迫波津子独自离开东京移居京都。有一天晚上，周造躺在母亲的膝盖上，天心看着他，沉重地说这个孩子太可怜了。波津子终于移居去了京都，整日闭门不出，忧郁沉默，精神逐渐崩溃。一段时间后她又搬回东京，她和天心的关系一直延续到她被九鬼隆一送去精神病院。

这一时期，天心的生活和事业一团糟。他和波津子有婚外情的同时又与自己的异母侄女八杉贞有了亲密关系，并生下一子，后来这个孩子送给别人做养子，日后这个叫和田三郎的私生子成了一名精神科医生。八杉贞精神受创打算自杀，天心就匆忙安排自己的弟子早崎梗吉和八杉贞结婚。早崎比八杉贞还小 5 岁，两人后来育有一子一女。早崎曾陪同天心访问中国，并特意学习汉语和摄影，后来他在中国居住了一段时间，帮助天心打理很多在中国的事物。虽然整个事件离奇荒诞，但令人感慨的是早崎对天心如此忠诚，而他不过是天心忠心耿耿的追随者之一，天心的人格魅力可想而知。

然而，三十五年来一直顺风顺水的冈仓天心私生活混乱，又一贯特立独行、桀骜不驯，难免引来妒恨。后来，学校反对天心的人就是利用了他的私生活丑闻来攻击他。

1898 年 3 月的一个乍暖还寒的初春日，东京的一些主要报社、杂志社和知名美术界人士都收到了署名“筑地惊醒会”的匿名信。这封匿名信的内容让人们瞠目结舌，引发了轩然大波。这是一封针对冈仓天心的信，写信的人似乎对这位冈仓校长恨之入骨，在信里揭发了冈仓天心的多种“罪行”，说他以奇怪的方式操练学生、所持的美术理念与美术发展背道而驰、学生画出“怪物般的画作”、对学校管理不善导致学校的财务混乱，又说他患有一种遗传性的精神病、私生活极其不检点等等。这封检举信的内容夸张，对天心恶意中伤。菱田春草、横山大观等人怒斥这封信是一派胡言。

然而，天心的高调不羁早就在不知不觉中得罪了不少人，最近两年他一直被人暗中排挤。这一次显然是熟人所为，其对天心的生活无论公私都了如指掌。

这件事的起因还要从三年前菱田春草的一幅画作说起。1895年，菱田春草提交了毕业作品《寡妇与孤儿》。这幅画气氛哀伤，一个愁容满面的女子手抱初生婴儿，注视着搁置在地上的破烂盔甲，暗示其丈夫已战死沙场。女子家徒四壁，怀中的小婴儿不谙世事兀自沉沉睡去，头顶残窗射进一缕阳光照在盔甲上，菱田春草以细腻的笔触勾勒出年轻寡妇的迷茫与哀伤。这幅画反映了日本侵略中国的战争给日本人民带来的灾难，创意独特。年仅20岁的菱田春草在天心的思想熏陶和桥本雅邦[1]的技法指导下，开始显露过人的才华。后来菱田春草跟随天心游历印度和欧美，把西方写实手法和日本装饰风格结合，与横山大观一同创立了能体现天心理想的日本画。他的艺术感敏锐，画面清澄空灵，诗意浓厚，被誉为明治时期的画坛明星。就是这幅画作，为天心遭遇事业上的滑铁卢埋下了种子。在评审第三届毕业生的作品时，老师们发生了争执。原学校图案科主任福地复一是被天心推荐进入东京美术学校的，曾与天心关系密切。福地复一认为“这样的作品不是绘画”而桥本雅邦则认为这是“非

[1] 桥本雅邦（1835—1908）：日本著名画家，冈仓天心的拥护者。随冈仓天心从东京美术学校辞职，参与创办日本美术学院。

常优秀的绘画”。双方争执不下，找天心定夺。天心裁定以桥本雅邦的评价为准，福地复一遂于1896年4月愤然辞职，从此埋下祸根。后来经推断匿名信为他所写，引发了“美术学校骚动事件”。

另外，天心为人耿直、脾气火爆，还与学校另一位老师大村西崖结怨。大村在校期间与他意见不合，不接受他的艺术理论和教学方法。据说大村曾在一次宴会上为难桥本雅邦，而天心非常敬重桥本雅邦，就动手打了大村，大村从此怀恨在心。他于1896年9月辞职之后一直在各种报刊上撰文批判冈仓天心和东京美术学校。

报纸杂志上的负面评价加上恶毒攻击的匿名信，大大影响了天心在文部省、教育界和美术界的形象和声誉。而他与上司九鬼隆一的妻子波津子绯闻的公开使得他与九鬼隆一的关系急转直下。从东京美术学校创校开始，九鬼隆一与天心的上下级关系一直牢固紧密，但九鬼隆一开始担心天心那不断增强的势力，加之憎恶天心与自己的妻子有婚外情，于是他转而支持反冈仓派，并辞去帝国博物馆馆长的职务来逼迫天心辞职。1898年3月，天心辞去了帝国博物馆理事兼美术部长的职务，也辞去了东京美术学校的校长职务。

4月的东京，已经春意盎然。谷中的初音町附近樱花盛开，是观樱的好地方。如果你在那些被樱花映得粉红的小街小巷里漫步，碰巧走进一个普普通通的小院子，院子里种着几株梅花，沿着墙根还有一些越前水仙，那就是冈仓天心的故居了，这是他家的院子。院子里有一个白色的镶着红边的六角堂，旁边一个六角形的石柱上写着“冈仓天心纪念公园”，进入小院那条小路的地砖是六角形的，路边的饮水机是六角形，就连角落里那个白色的公共洗手间也是六角形的。现在这里还有一个小滑梯，两个老师带着一班幼儿园的孩子在游戏。一切都是那样的安宁美好，和谐愉快。

一百二十年前的那个4月，天气也是那样温暖，樱花也是那么烂漫，基子刚刚搬入新居几个月，院子里的水仙和梅花也许还没种上。这个簇新的院子里却酝酿着暴风雨。新居的男主人正在经历人生中最大的困难。36岁的天心在日本的事业开始走向衰落，他只保留了内务省的古社寺保存委员会委员这一身份，辞去了其他所有职务。祸不单行，他挂牌出售的旧房子意外失火，原本打算用卖旧房子的钱来支付新房子的费用，现在钱没收到，房子却变成了一堆灰烬。

身处困境的他只能靠酒精麻痹自己，夜夜醉酒，深夜游荡在谷中初音町樱花盛开的街巷里，满腔的苦闷无处诉说。一夜，当他拎着酒瓶，唱着醉酒之歌，跌跌撞撞地走进这个院子，推开房门，发现菱田春草、横山大观等人正在家中等他。天心接过他们递上的写满名字的辞呈，手颤抖了，以桥本雅邦为首的22名教师联合辞职，声援天心。那一夜，是不眠之夜。他们传递着酒瓶大口喝酒，拍着手掌，唱起那首古老的民谣：

“真正的男儿不怕死，

有些人沉到水底，

有些人直达水面。

你可能失去全世界，

但是，

真正的男儿不怕死！

……”

一个人在山顶的时候会下望深渊，等跌落深渊以后，人就会仰望天空。1898 年的天心，没钱，没工作，债务缠身，房子也变成灰烬。跌落谷底的天心决心要做些什么，起码为了一班不顾生活压力和他一起辞职的同事，为了他们共同追求的美术事业。于是他们决定筹办日本美术学院。

他们的资金捉襟见肘，办校资金是个大难题。天心想起了他富有的波士顿朋友，于是他写信给毕格罗请求支持。毕格罗马上寄来了一大笔钱，于是日本美术学院于 1898 年 7 月 1 日宣告成立。学院的办学初衷是为东京美术学校的毕业生提供继续创作和学习的地方。学院不设教授课堂，学员们自由发展，以自己的方式创作现代美术作品，他们的画作则参加公开展览和比赛。日本美术学院在

明治 34 年日本美术学院干部
前排从右到左：冈仓天心、高桥太华、剑持忠四郎
（茨城县天心纪念五浦美术馆）

10 月举行了盛大的成立仪式，同时举办了第一次画展。200 多幅画作参展，天心的弟子横山大观的画作《屈原》获得最高奖项。

后来被誉为“日本现代绘画之父”的横山大观，是与天心志同道合的革新派画家。他和菱田春草首创一种用宽头刷子画出渐变的色彩来代替传统的线条画法。这种画法能令色彩细致地混合，营造出朦胧迷离的气氛，被叫作“朦胧派”。横山大观笔下的屈原孤独、沉静，一身长袍在风中飘逸，站在混浊朦胧的天地间，他犹如一片焦黄的落叶，随风而去，留下了无痕迹的美。他笔下的屈原与他敬爱的导师天心何其相似。

1903 年 5 月，天心站在五浦海岸陡峭的岩壁上，海风吹拂着他的和服，他凝望着澎湃的大海，沉默不语。这里东临太平洋，没有雪白的沙滩，没有平静的海湾，但松林苍翠，波涛浩渺，人烟稀少，自然景观壮阔。这就是他心目中的“巴比松”[1]，这是创造新美学理想的乌托邦，他当即决定买下此地并计划把美术学院搬到这里。后来，美术学院的美术研究所就修建在五浦海岸陡峭的岩壁边上，是专心创作的好地方。而天心则自称“五浦钓徒”，在这里度过了晚年。他有一首《五浦即事》写道：

蝉雨绿沾松一邨，
鸥云白掠水乾坤，
名山斯处托诗骨，
沧海为谁招月魂。

[1] 巴比松：法国塞纳·马恩省的一个村庄。巴比松画派是 1830 年到 1840 年在法国兴起的乡村风景画派。

横山大观（1868—1958）：跨越日本明治、大正和昭和的三朝画家。他的画既气势恢弘，又具有东方文人的浪漫气质。他是冈仓天心的得意门生，参与创办日本美术学院。他与菱田春草一起把日本绘画的传统画法与西方画法结合，不使用线条而集中于色彩组合，创立了新风格。尽管当时被贬为“朦胧派”，但这种画风实际上为日本画赋予了新的生命，把日本画推向了世界舞台。横山大观是明治之后的绘画大师，其地位坚不可摧。（茨城县天心纪念五浦美术馆）

天心眼光独到，无论是研究所还是六角堂，选址都在峭壁岩边，位置凶险却最贴近大海。研究所就坐落在被刀削过般陡峭的黑色悬崖上，浪花周而复始地撞击着石壁，闪烁着白光，发出响亮的喘息声。他的六角堂则坐落在一大块突出在海面的岩石上，被浩瀚的太平洋环绕，在一层轻柔的白雾笼罩下，海浪翻滚着，无数雪白的浪花撞击在黑色的礁石上，优美而壮丽。但六角堂在 2011 年被海啸卷入海底，只留下了根基。

我们现在看到的六角堂是海啸后经过一年零一个月重建而成的。五浦海岸因弯曲有五个海湾而得名，这座伫立在其中一个海角的朱红色六角型建筑在碧海蓝天的衬托下格外引人瞩目。堂内地板中央是一个六角洞，是天心放置煮茶炉的地方。席地而坐，一望无际的大海和飘渺的薄雾环绕四周，松涛海浪澎湃声不绝于耳，时而排山倒海，时而窃窃私语。一杯茶，一卷书，宛如仙境。

大观、观山、春草和武山等人携家属一起搬到了五浦。他们抱着襁褓中的婴儿，拖着幼小的孩子，搀扶着年迈的老母亲，穿过五浦茂密的树林，衣衫被露水打湿，鞋袜沾满泥浆。当一众人筋疲力尽地走出树林，眼前豁然开朗。满眼都是湛蓝的天与海，海浪猛烈地拍打着岩石，激起的水珠四散开来，在阳光的照耀下闪闪发光，翱翔的海鸥在天空鸣叫着。五浦海岸的蔚蓝和闪亮洗去了他们的疲惫，深深地吸引着他们。他们擦去额头的汗水，坚信像冈仓先生这样的人物几百年才能出现一个，值得用一生来追随。

五浦的日子是艰苦的，就连日常生活都难以维持。据说学员的孩子们都要忍饥挨饿，菱田春草的妻子更是卖掉了自己结婚的和服来帮补家用。然而学员们对创造冈仓天心提出的新日本绘画抱有极大的热情，废寝忘食地工作着。

1898 年摄于东京美术学校。这张照片里的冈仓天心目向远方，憧憬着日本美术学院的未来。微风吹动着他的长衫，还是双手抱在胸前，虽然满怀心事，但看起来意气风发，充满斗志。（茨城县天心纪念五浦美术馆）

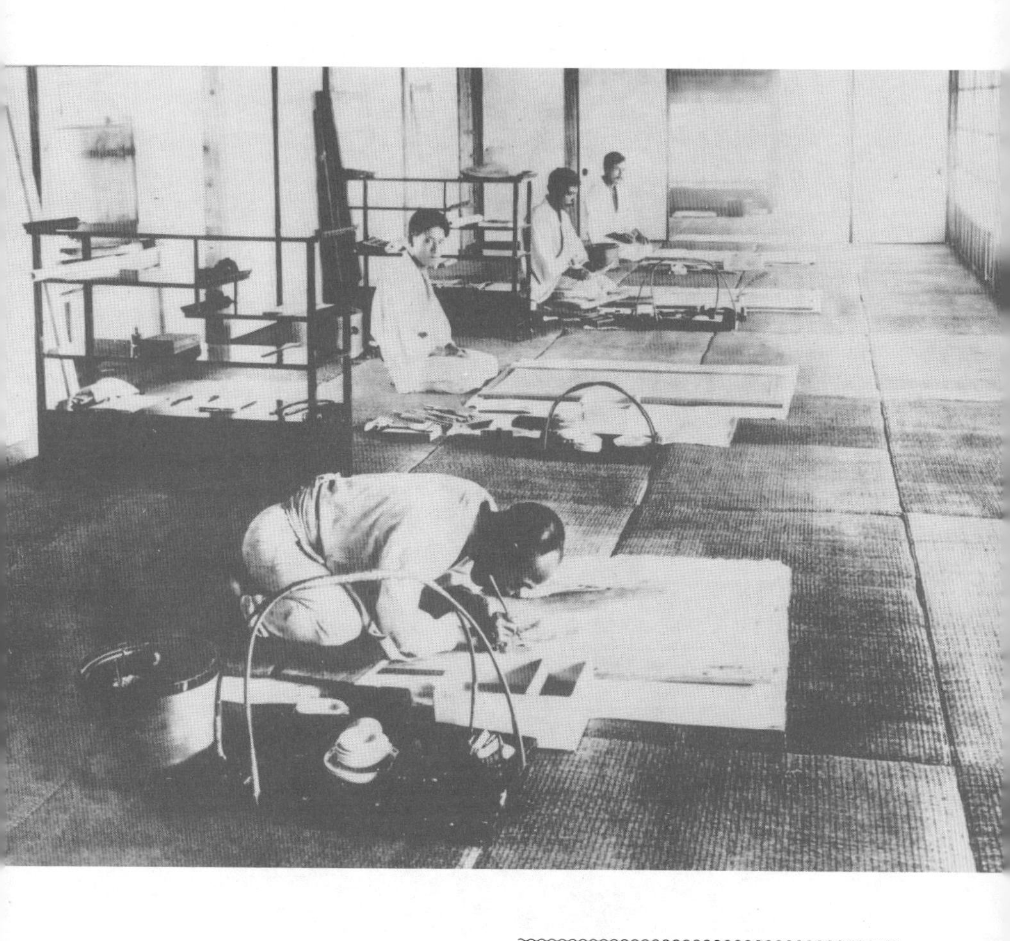

在日本美术院研究所里创作的情景，最前面的是木村武山，后面依次是菱田春草、横山大观、下村观山，研究所的最里面设有冈仓天心的起居室。

这是一张引人注目的照片，是一张能在众多照片中被人一眼看到的照片。照片中向镜头望过来的那个面目清秀的年轻人是菱田春草。那天阳光从玻璃幕门射进工作室，撒在米黄色的竹席地面，黑色的木架和画具反射出柔和的光芒，一切井井有条，大家身穿洁白的日式制服，开始了新的一天的创作。整个研究所的氛围专注、宁静，空气中飘着颜料和墨汁的香味。最前面是木村武山，后面依次是菱田春草、横山大观和下村观山[1]。一位摄影师走进来，固定好相机，请大家专心绘画和平常一样工作。于是木村马上投入到他画了一半的画作中，另外三个人好像还在构思新作品。大观拿起了一张草稿审视起来，春草和观山低头沉思。多么美好的画面呀，乌黑、雪白和米黄，纯净的色调衬托着年轻的艺术家们，在阳光的调和下呈现出一幅唯美的景致。摄影师决定就是这一刻，他按下了快门，就在快门发出“咔嗒”的声响时，菱田春草微微转头，向镜头看了一眼。这双黑白分明的眸子，略显迷茫的眼神和他那严肃或者说有些木然的表情成了这张照片的中心。他在想什么呢？是在想如何打破绘画的陈规、如何在“朦胧”中摸索、如何通过雾气看清楚日本绘画的未来？还是在想如何突破自己的局限吗？那时候他的眼疾已经出现了吗？是不是已经看不清楚手握快门的摄影师的五官了？春草因肾病影响到视力，生怕失明而抓住生命的每一刻坚持创作，1909 年他创作的《落叶》屏风被视为明治时期日本画的顶点，两年以后年仅 36 岁的他因肾病英年早逝。

菱田春草和横山大观在五浦的画室里专心研究，寻找体现天心理想的新日本画。他们融合东西方的画法，以色块取代传统的墨线，被批判为朦胧体，但仍矢志不移。天心在五浦的画里，经常会在学

[1] 下村观山（1873—1930）：画家，冈仓天心的学生。后来创作了《白狐》屏风。

菱田春草（1874—1911），他与横山大观一同创立体现冈仓天心理想的日本画。他运用西方写实手法和日本装饰风格结合的独特画法，画面清澄，富有诗意，被誉为明治画坛的新星。

员的身后踱步，观看他们创作，有时也会给予一些意见与指导。菱田春草曾发现天心在巡视时，从来不在自己和横山大观的画前停留，也没有只言片语的评论，而对木村武山和下村观山的画作则常常给予意见和鼓励。有一天，他实在忍不住，就直接问天心，为什么不理会他和大观。天心直言，他们的画面尽是烟雨雾露，模糊不清，他无法透过迷雾看到一些清楚的东西。春草说能看透迷雾超出了人的能力范围。天心反问，人有局限，这不就是为什么我们需要艺术吗？这也是他之后在《茶之书》中所说的，艺术与茶道都“是在我们都明白不可能完美的生命中，为了成就某种可能的完美，所进行的温柔试探。”他相信透过迷雾，一定能看到一些清晰的东西，一定能够清楚地看到日本美术的未来。

一九〇一年

三十九岁　印度之行

不要盲目相信书籍，
不要道听途说。
亲自寻找真理。
这就是开悟。

——威维卡南达

* * *

然而，三年过去了，日本美术学院发展缓慢，经费紧张。有两位画家接受了东京美术学校的邀请，回去教学。还有一些学员离开了学院，去寻求更自由的绘画环境，大观和春草也开始了环游日本的长期旅行。

这一时期，天心收了两个富裕的美国女学生，她们每周到天心家里听他讲授日本美术史。其中一个叫约瑟芬·玛珂露德[1]的女子是印度著名高僧和宗教改革家威维卡南达[2]的弟子。她觉得她的这位日本美术导师应该与印度高僧威维卡南达结识。天心曾邀请威维卡南达访问日本，但对方体弱多病，未能成行。于是天心考虑去印度与他见面。这次印度之旅为天心开拓了国际视野，是他登上世界舞台的开始。

威维卡南达

如果提到“9·11”，人们会想到2001年那次可怕的恐怖袭击，然而一百多年前的另外一个9月11日却是因为倡导人类大同而被纪念的日子。1893年9月11日，芝加哥世界宗教大会上，一位从

[1] 约瑟芬·玛珂露德（Josephine MacLeod，1858—1949）：威维卡南达的美国朋友、追随者。
[2] 威维卡南达（Swami Vivekânanda，1863—1902）：印度宗教领袖，宗教改革家。

印度横穿亚洲，一路上风餐露宿、饱受歧视，最终到达美国时旅费已所剩无几的印度僧人——威维卡南达，站在全世界的宗教领袖面前，以一句充满爱的呼唤“美国的兄弟姐妹们”开场，博得了全场超过两分钟的热烈掌声。他身材壮实，一袭绯红色长袍，金黄色的头巾包裹着乌黑的头发，橄榄色的皮肤闪着光泽，他的气质温文尔雅，一双灵动的大眼睛有着摄人心魄的魅力。他气定神闲地凝视着全场，说道：

“来自不同源头的河流最后会在大海里汇合，对主的追寻也是一样，人们通过不同的方式和途径，‘无论曲直都会到达’[1]。”

当其他的代表们争相阐述自己宗教的教义时，威维卡南达却大胆地说出“所有宗教的真理都是相同的”，他宣扬全人类共通的神是超越种族、国家、宗教派别的普世福音。这个从东方来的“异教徒”竟然引领了整个会场的气氛，他确认所有宗教间的和平与爱，确立普世性的宗教真理，为宗教会议带来重大的结论，这出乎主办者的意料。他说道：

“基督徒不应改信印度教或佛教，印度教徒或佛教徒也不应改信基督教。然而我们每个人，在吸收他人精神的同时也必须要保存自己的特性，而且遵循着成长的法则成长……”

他的这种主张吸收他人的优点同时保持自己的优势，又与时俱进的观点与天心在美术方面的见解异曲同工。难怪玛珂露德热切地盼望这两位拥有伟大思想的人能够会面。

19 世纪，西方国家在侵略亚洲领土的同时，也在向东方灌输西方文化，他们藐视东方文明，自以为是地认为只有基督教是正确

[1] 这句话引自一首印地赞美诗。

的，向全世界派遣传教士度化“蛮夷”；他们还夜郎自大地认为西方艺术优于东方艺术，完全不理解东方的朴素简单之美，对其本身奢华审美的庸俗完全不自知。

评论威维卡南达演讲的文章遍布美国各大报刊，有报纸甚至写道：无疑地，威维卡南达是宗教会议里最伟大的人物。听了他所说的话后，我们深切地感到派遣传教士去传教是愚蠢的。

其实，1893 年 5 月威维卡南达前往美国时，途经香港到达日本，拜访过东京、大阪和京都，然后从横滨出发前往加拿大，7 月从温哥华辗转去美国的芝加哥。那时，天心刚刚完成芝加哥世界博览会的“凤凰堂”项目，7 月中旬开始前往中国旅行。威维卡南达出生

威维卡南达照片摄于 1893 年 9 月，美国芝加哥。照片上为威维卡南达的亲笔题字和签名。照片左边他写道：我向您鞠躬致敬，您是无限纯洁和神圣的结合，您超越一切思想与质量。右边是他的签名：思华米 · 威维卡南达。

于 1863 年 1 月 12 日，比天心小十几天。1893 那一年，两个年轻人都有了一番成就，命运让他们擦肩而过，一个追寻宗教的大同，一个取道艺术的融合。然而，条条大路通罗马，他们注定会相遇。

冈仓天心在《茶之书》中写道："不同的灵魂在艺术中达到水乳相融，可说是种最神圣的事物……艺术是多么近似宗教，能使人类更为高贵纯洁。"

在玛珂露德的推动下，天心开始计划访问印度。这次印度之行最重要的目的是邀请威维卡南达来日本演讲并参加东洋宗教大会。正是这次印度之行为天心打开了国际视野，出版了第一本英文著作《东洋的理想》，也结识了诗人泰戈尔。

1902 年 1 月 6 号，天心踏上加尔各答的土地，这位旅行者在印度停留了十个月之久。他游览了印度大部分地区，拜访佛教圣地，完成了亚洲艺术一体论——《东洋的理想》。

天心在到达加尔各答的当天就如愿以偿地见到了威维卡南达。玛珂露德曾回忆天心与威维卡南达的相遇：

"人生最幸福的瞬间之一就是在碧露[1]，冈仓先生激动地对我说：'威维卡南达是我们的。他是东方人。他不属于你们。'于是我就知道他们是真的知己。一两天后，思华米（威维卡南达）对我说，'好像我们失散的兄弟又回来了。'……思华米对他说：'你会加入我们吗？'冈仓先生说：'不会，我在这个世界还没过够呢。'"[2]

天心与威维卡南达像失散多年的兄弟重逢，立刻成为亲近的好朋友。天心深受威维卡南达思想的影响，然而他并不像威维卡南达

[1] 碧露（Belue）：威维卡南达居住地。

[2] Pravrajika Atmaprana, *Western Women in the Footsteps of Swami Vivekananda*, New Delhi: Ramakrishna Sarada Mission, 2014, p.104.

那样“出世”，所以当威维卡南达问他是否会加入他们时，天心坦率地说他还未能了断尘世的羁绊。天心本就是性情中人，美酒、美食和美女他都爱，在世俗的不完美中探寻完美的一刻，这也是他取道艺术而非宗教的原因吧。

1893 年，威维卡南达的芝加哥宗教大会演讲的成功激发了天心的灵感，他要站上美国讲台，为东方美术发声。十一年后的 1904 年，他站上圣路易斯万国博览会的讲坛演讲《绘画上的近代问题》，当他笔直站立，声音洪亮地向美国人宣告“真正的和谐来自内在的觉醒而非外在物质的积累”时，我们似乎又看到了威维卡南达身披绯红长袍坚定的身影。

妮薇迪特

1902 年 3 月，天心见到了威维卡南达的女弟子妮薇迪特修女[1]。这个有着卷曲的棕色头发，大眼睛，洋溢着热情的爱尔兰女子，原名叫玛格丽特·诺贝（Margaret Noble），后来改名叫妮薇迪特，妮薇迪特是献身的意思。她著有《印度的生活》等作品，被称为“力量之母”和“印度之母”。她与天心关系密切，热心地帮助天心修订《东洋的理想》全书，并撰写了序言，亲自寄给出版社。天心第一本英文著作《东洋的理想》得以于 1903 年在伦敦顺利出版，妮薇迪特功不可没。天心既温文尔雅，又豪情万丈；既温柔体贴，又粗犷豪迈；既知识渊博，又谦逊有礼，具有独特的人格魅力，特别

[1] 妮薇迪特修女（Sister Nivedita，1867—1911）：英籍女权主义者。冈仓天心访问印度时与她相识，二人关系密切，妮薇迪特帮助冈仓天心修订了《东洋的理想》。

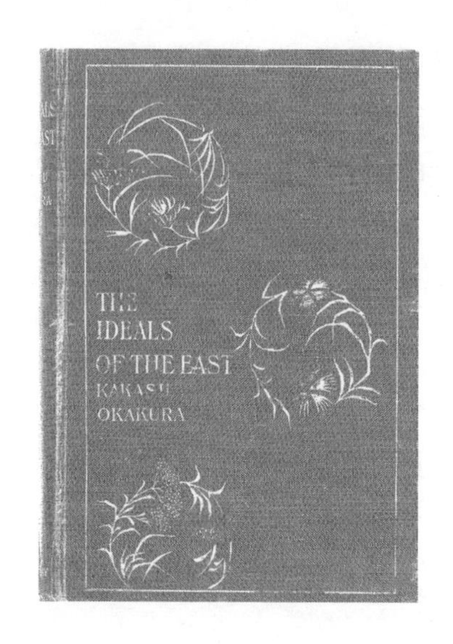

《东洋的理想——建构日本美术史》，1903年的第一版。
（茨城县天心纪念五浦美术馆）

有女人缘。妮薇迪特曾在给玛珂露德的信中描述她与天心如母子般的关系，天心淘气顽皮，她则扮演好妈妈的角色。其实妮薇迪特比天心还小五岁，但天心幼年丧母，有恋母情结，在男女关系中经常会寻求母爱。

天心深受威维卡南达“不二论”的影响，认为世间存在的所有物质，虽然呈现不同的状态，但本性上是相同的。于是他提出了亚洲一体论——“Asia is one”。在他的著作《东洋的理想——建构日本美术史》中，他提出：

“亚洲是一体的。喜马拉雅山脉，仅仅是为了强调亚洲有两个强大的文明体系，即拥有孔子共同体社会理想[1]的中国文明与拥有吠陀[2]个人主义的印度文明，才以这道雪山屏障把它们分隔开来。但它

[1] 孔子共同体社会理想：指孔子的“大同”社会理想，出自《礼记》的礼运篇。大同社会理想的总原则是“天下为公，选贤与能，讲信修睦”。

[2] 吠陀：婆罗门教和现代的印度教最重要和最根本的经典。

并没有因此而阻挡亚洲诸民族为弘扬终极的博爱所做的不懈努力。”

天心向世界宣告，拥有悠久历史的中国和印度自古秉持“爱”与“和平”的信念，造福着全亚洲人民，这种理念应该被推广到整个世界。后来，天心的东洋艺术理想被军国主义野心分子滥用，令人痛心。天心提出的亚洲一体论其实讲的是充满浪漫主义情怀的艺术共融。

苏瑞德拉南特

如果说苏瑞德拉南特·泰戈尔[1]是天心最好的印度朋友，一点也不为过。这个在派对上认识的年轻人迅速成为天心亲密的朋友。他是诗人泰戈尔的侄子，当时只有30岁，他在《忆冈仓觉三》中回忆两人初次见面的情景：

“对他的第一印象仍记忆犹新。他坐在女主人旁边，中等身材，壮实健硕，一袭黑色丝绸和服，上面绣着一个五瓣小白花的家徽。手持红褐色枝条和树叶装饰的竹纸扇，脚蹬日本布袜和草鞋。他的面孔与其说是日本人，倒不如说更像中国人。眼睑沉重，留着胡须，肤色红润。他悠闲地坐着，但表情郑重严肃，不停地抽着埃及烟卷。”

聚会之后，妮薇迪特叫苏瑞去隔壁房间，他发现天心就坐在房间里。天心彬彬有礼地向他鞠躬并优雅地摊开手掌，给予苏瑞一根香烟。而苏瑞惊奇地发现，天心宽大的和服袖子里藏了整整一盒烟。天心随即给还未坐稳的苏瑞抛出了一个艰深的问题：“你如何效忠你的国家？”苏瑞毫无准备，结结巴巴地说了些毫无深度的话。天

[1] 苏瑞德拉南特·泰戈尔（Surendranath Tagore，1872—1940）：诗人泰戈尔的侄子。曾担任冈仓天心在印度的导游，与冈仓天心结下了深厚的友谊，冈仓天心第二次访印也是他接待的。冈仓天心与女诗人黛薇的通信中屡次提到的“苏瑞”就是他。

心听了苏瑞平庸的回答后，似乎对意志消沉的印度年轻一代略显失望，脸上露出忧伤的神色。

而后来天心慢慢健谈起来，聊起小时候从门缝偷窥到切腹自杀的叔叔，没头的身体还坐着，脖子上的鲜血像喷泉一样地涌出。[1]他看到苏瑞惊愕的表情，第一次露出一丝微笑。这给苏瑞留下难以磨灭的印象。

后来苏瑞充当翻译兼导游，陪伴天心游览印度佛教圣地。旅行中的他“一点都不严肃，反而对我笑容可掬”，苏瑞回忆起他们坐在菩提迦耶客房外面的露台上，在耀眼的烈日下，天心抽着水烟幽幽地道出他对佛陀的崇敬，对寺庙状况的担忧，以及他对构建心目中的乌托邦——菩提迦耶神社——的憧憬。

旅印期间，天心的身边围绕着许多像苏瑞这样的致力于印度民族独立运动的青年志士。他们对革命的激情和对天心的敬仰，激励着天心以笔为剑，撰写了《东洋的觉醒》。苏瑞回忆道：

“我的下一个记忆跳跃到天心暂居在我家附近的那幢房子的时光。白天，他一整天都趴在床上的长枕上，忙着写下一本书——《东洋的觉醒》；晚上，我们兴奋地围坐在他的桌子旁，听他悲叹‘白祸’横行东方，亚洲在思想和精神上盲目崇拜西方‘邪教’的炽热言论。他征求我们的意见，不，他坚持让我们发表批判意见。他看起来很乐意采用我们提出的更尖锐的词语和露骨的讽刺。”

《东洋的觉醒》以呼唤“亚洲的兄弟姐妹们啊！”开头。这无疑是芝加哥国际宗教大会上威维卡南达那一声呼唤的再现。天心犀利地写道：

[1] 日本武士切腹之后，不会马上死去。为了缩短痛苦的时间，他会拜托别人砍下他的头，辅助他完成切腹自杀的过程。

“如今‘东洋’成了懦弱的同义词，居住在这块土地上的人们又被称为‘奴隶’。……我们以商业的名义欢迎军人，以文明的名义拥抱帝国主义者，以基督的名义向残忍下跪。……让东洋人也将冷静的双眼投向‘白祸’吧。……欧洲的光荣是亚洲的耻辱。”[1]

这本书也是由妮薇迪特审稿修改的，但是这本书完成后始终未发表。直到 1938 年，天心的家人整理他的遗稿时发现了它，才得以出版。

苏瑞和天心在象背上的佛教圣地之旅既艰辛又充满乐趣，其中不少小插曲令人莞尔。天心自己设计的旅行服是一件带帽子的道教披风，用中国布料，出自加尔各答的裁缝之手。苏瑞伴着这位奇装异服的神秘远东人，骑在小象背上，自己则讲着蹩脚的印地语，难以辨别方向。他们日晒雨淋，最终天心病了，他们不得不去苏瑞的一个朋友家停留休养。他还记得朋友开门时见到装扮奇特的天心时错愕的表情，而这个病号不吃任何有营养的牛奶和肉汤，是开水泡白饭让他恢复了活力。

这之后，他们开始搭乘火车。天心随身携带着一种叫作“孟买鸭子”的生鱼干坐火车，因为气味刺鼻被其他乘客嫌弃，他们的车厢变成“专车”；苏瑞听着天心幽默地讲述他在中国遇到的奇闻逸事，他去常年没有邮票的中国邮政局寄信，热情好客的邮政局局长一提到邮票就彻底崩溃；他们登上日本军舰，天心报上大名之后，两人就大摇大摆地“走私”清酒下船。他眼中的天心干净整洁，行囊简单实用，还细心地备了许多小礼品送给路上的朋友；他热爱大自然，相信树木也有灵性，只向虔诚的艺术家显灵；他看见喜爱的古迹时难掩喜悦之情，打着独特的手势，一边鞠躬一边微笑。他们赞叹阿

[1]［日］冈仓天心：《冈仓天心全集》，日本：平凡社，1980 年，第 135-136 页。

冈仓天心身穿带帽长衫，他在印度旅行时，估计就是类似的打扮。摄于 1905 年波士顿。（茨城县天心纪念五浦美术馆）

布辛贝勒神庙（Abu Simbel temples）的惊人创意；看着金庙里锡克教徒对短剑的崇拜，缅怀武士道精神；他们在月光下徜徉泰姬陵；天心总是赤着脚，绑着印度腰布，心怀敬意，虔诚备至。

苏瑞的心中，天心的印度之行是一幅和美的画面，他在《忆冈仓觉三》中写道：

“冈仓天心的身影悄然融入到孟加拉国边远山村的景色中。在奥尔省和包尔省，我们的旅行即将结束了，可是他的道袍在当地没有丝毫的不和谐。看着他漫步在小市场和集市中，徜徉在小河和寺庙边，从不沉醉于这片疲惫土地上日渐消逝的光辉中，却为其挥之不去的平凡美而深深沉醉，为这一方土地的风土人情与手工艺术而陶醉不已。我这才意识到怀着博爱之心的中国古代旅行者，是多么容易对印度生活一见如故。”

他们的第一次分别一点都不伤感。苏瑞说他想去日本，天心说他很快会再来。天心真的又一次到访印度，不过那是十年以后，已物是人非，而苏瑞的日本之行则从未成行。

1912 年，天心再次到达印度时，苏瑞迫不及待地爬上还未靠岸的船甲板，双眼快速搜寻着多年未见的老朋友。天心一眼就看见甲板上的苏瑞，惊讶极了，挥着手大声招呼道：“你一点都没变。”然而苏瑞的心一沉，他在回忆录中伤感地写道：“但是，唉，我觉得他变了。”

苏瑞面前的天心还是那样鞠躬行礼，还是那样微笑，却有一丝难以琢磨的异样，隐隐的、不易察觉，就像加尔各答雨前的空气一样，惯常的闷热中凝结着不安，阴影笼罩了他。后来，苏瑞猜想天心可能在那时候就开始生病了。其实天心的身体一直不太好，在波士顿也经常发烧不适。这是他们最后一次见面，“命中注定这是他的最后一次印度之行，”苏瑞写道，“虽然我们当时并不知道。”

那次的相聚非常短暂，久别的朋友没有丝毫隔膜。苏瑞带着天心走访旧友，追忆往事，但是苏瑞总是觉得有点不妥。

“最后，我俩坐在火车站的餐厅里，天心的火车半小时后就要开了。我第一次看到他神情忧郁。他一直翻动着面前的食物，却一口也没吃。‘你不舒服吗？’我问他，自己也难以开怀。他抬眼看着我，脸上浮现出一丝苦笑。‘难道你还不明白吗？’他只说了这一句。”

不到一年，苏瑞在收到天心寄给妈妈和妹妹的礼物后不久，就收到了天心病逝的消息。然而，在苏瑞的心中，那个亲昵地称呼苏瑞家人为“妈妈和宝石妹妹”的天心从未离去。

天心在印度还遇到了一个特殊的人。虽然他们一生中相见的次数屈指可数，却一见如故地成为知己，在各自的心里都留有对方永久的印记。1902 年，加尔各答的那个暖洋洋的冬日，天心踏着翠绿的草地，走进一栋三层红砖洋房，金色的阳光洒在白色镂空围栏上泛着淡淡的光泽，诗人见到了他的远方来客，或许就像他在吉檀迦利中的一首诗写道：

“那天我没有准备好来等候你，……，你就像一个素不相识的平凡的人，自动地进到我的心里，在我生命的许多流逝的时光中，盖上了永生的印记。”[1]

泰戈尔家族是名门望族，人才济济，暂住在这里的天心沉浸于丰富的艺术文化氛围，身边又有一群燃烧着支持印度民族独立运动的激情青年。《东洋的理想》与《东洋的觉醒》都诞生在这一期间。

[1] 罗宾德拉纳特·泰戈尔：《泰戈尔散文诗全集》，华宇清编，杭州：浙江文艺出版社，1990 年，第 16 页。

罗宾德拉纳特·泰戈尔，
加尔各答，1909 年。

在天心第一次访印期间，泰戈尔陪伴他游览了许多地方。两人年龄相仿，有着共同的兴趣爱好，并且都致力于向西方弘扬亚洲的文化与艺术。对于泰戈尔来说，天心是真正的日本人。天心把自己看作是向西方国家宣传日本文化的使者，而泰戈尔则视自己为向英国宣传印度文化的大使。两位“美的使者”在孟加拉国炙热的土地上留下了永久的印记。天心欣赏日常生活中平凡事物的美给泰戈尔留下了深刻的印象，他曾在怀念天心的演讲中谈道：

“（天心）会买非常便宜的东西，一些被我们忽略了的美好的东西，比如穷人用的陶制油罐，他也会大加赞赏。”[1]

分别之后，天心在美国的事业腾飞，出版了一系列英文著作，成为举世闻名的东方艺术评论家。而这期间的泰戈尔还是默默无闻，他一边写作一边创办了一间实验学校。从1902年到1907年，诗人痛失四位至亲，他的妻子、二女儿、父亲和小儿子。泰戈尔渐渐地远离政治，不晓得他是否看过天心那三本英文著作，他从未发表过任何评论，而两人似乎也没有通信。1912年天心第二次的印度之行，因为泰戈尔远行，两人也未能相见。曾经结下深厚友谊的他们似乎疏远了。伯鲁恰（Rustom Bharucha）在他的《另一个亚洲——罗宾德拉纳特·泰戈尔和冈仓天心》中阐述道，从现存文献来看，我们不得不接受这样一个事实，第一次分别之后，他们只会在言语中提到对方，但从不直接对话。他们的关系微妙且耐人寻味。因为泰戈尔一直反对日本侵略中国，而天心处处表现出日本艺术的优越感，这让泰戈尔开始怀疑天心的政治立场，他选择了疏远两人的关系。后来当他明确意识到天心所倡导的理念与政治无关时，他们的关系才缓和下来。

再次相见，已经是十一年以后。1913年2月，在寒冷的波士顿，行程紧张的泰戈尔多次拜访天心，这是继印度相识之后的第二次相聚，也是最后一次。天心曾在写给黛薇的信中三次提到他们的会面：

“巴布·罗宾烈[2]昨天带着他的儿子和迷人的儿媳妇来了。我希望在不打搅他们的情况下留他们小住几日，尽管我对此地也颇陌生，所为甚少。他们的到来让我感觉亲切备至，你似乎也近了许多。”

“上个星期，我见到了你的叔叔，你的堂弟和他的妻子刚刚离

[1]［日］浅野晃：《剣と美私の冈仓天心》，日本：教文社，1972年，第125页。

[2]巴布·罗宾烈（Babu Rabindra）：诗人泰戈尔。

开，他们明天都要去芝加哥。恐怕美国不适合你的叔叔，在伦敦或者在真正属于他的印度可能会更开心。我已经尝试着劝他早日回国。”

当泰戈尔离开美国时，天心在白雪皑皑的波士顿写信给黛薇。看着窗外雪花飘飘，想到一生的挚友已经离开，他感到心中空落落的，有“一种突如其来的孤独”。没有朝朝暮暮，只有漫漫人生中的两次短暂的相聚。天心伤感地写道：

“这里还在下雪，我很向往东方的阳光和花朵。你的叔叔离开了芝加哥，我感到一种突如其来的孤独。”

而泰戈尔在多年之后回忆这次会面时，提起天心当时对中国的敬意，这位强烈反对日本军国主义的诗人在两人交谈后，终于对他的日本朋友释怀了，他写道：

“他劝我去访问中国，他自己要当我的向导，他约定一定让我看到一般肤浅的旅行者看不到的真正的中国。他对中国表现出深深的敬意。”[1]

在天心去世不到两个月后，泰戈尔获得了诺贝尔文学奖，成为第一个获此殊荣的亚洲人，从此闻名全世界。三年之后，1916 年泰戈尔第一次访问日本时，专程去五浦拜访天心的妻子和家人。

他终于来了，在六月芬芳的初夏，他从林径中走来，走在五浦的海岸，来看久别的朋友。在苍松下沉睡的天心听到老朋友的脚步声，也会露出会心的微笑吧。

你没有听见他静悄悄的脚步吗？

他正在走来，走来，

一直不停地走来。

[1] [日]浅野晃：《剣と美私の冈仓天心》，日本：教文社，1972 年，第 126 页。

……

是他的脚步踏在我的心上，

是他的双脚的黄金般的接触，

使我的快乐发出光辉。[1]

他住在天心的故居，穿上天心的衣服，和天心的至亲拍下这张照片。如果天心还在世，他也会坐在相同的位置，也会那样抱着小孙子，平静地望着镜头。这是怎样深厚的感情呢？披上他的衣服，让肌肤唤醒他的体温气息；坐在他的房间，让嗅觉激活他的雪茄香气；捧起他的茶碗，让嘴角再次泛起熟悉的甘甜。诗人以这种深情的方式来和他的老朋友亲近，再续两人未尽的友情。

1916 年泰戈尔的日本之行，受到当地热烈的欢迎。当他降落在日本东京机场时，超过两万人在机场迎接他。然而，泰戈尔在其日本的演讲中，猛烈地抨击了日本军国主义侵略中国的罪行。同年年底，当他从美国返回日本时，只有两个人迎接他，多么戏剧性的变化，从两万人到两人。无论如何，他坚定地选择了说出心中最真实的话语。诗人爱憎分明的个性或许解释了他与天心关系变化的原因。

如果有来生，这一对挚友能像泰戈尔诗中所说的：

在清晓的密语中，我们约定了同去泛舟，……

在无边的海洋上，在你静听的微笑中，

我的歌唱抑扬成调，像海波一般的自由，

不受字句的束缚。[2]

[1] 罗宾德拉纳特·泰戈尔：《泰戈尔散文诗全集》，华宇清编，杭州：浙江文艺出版社，1990 年，第 17 页。

[2] 同上，第 16 页。

1916年，泰戈尔访日，在五浦与冈仓天心家人合影。

左起：基子、冈仓天心的妹妹、冈仓天心的孙子、泰戈尔、冈仓一雄、一雄的妻子（茨城县天心纪念五浦美术馆）

一九〇四年

四十二岁　波士顿的邂逅

时间在她前进时恭敬退去，
空间为她的胜利鞠躬让位。
微风带给她无可比拟的优雅，
空气借给她润如夏露的声音。

——冈仓天心，《道人》

冈仓天心任职波士顿美术馆，开始进军世界舞台。摄于1904年。（茨城县天心纪念五浦美术馆）

＊＊＊

1904年的天心经历了事业上的大起大落，感情上的痛苦挣扎。镜头前的他，眼睛直视镜头，不再躲避，目光坚定无畏，表情严肃。他的和服穿得一丝不苟，腰板挺直。右手自然地握着左手，但是手部的放松更凸显了他全身紧张的状态。左边的那缕头发还是那样倔强地偏离了它本来的位置。

那一年，日俄战争正式打响，欧美社会对日本高度关注。而从1903年到1904年，冈仓天心的《东洋的理想》和《日本的觉醒》相继在伦敦和纽约顺利出版。

从印度回到日本之后，他发现日本美术学院已经名存实亡，除了几个忠实的弟子还在艰苦地留守之外，大多数学员已经离去。印度之行让他反思，他或许应该面向世界来传播他的艺术理想。他觉得横山大观和菱田春草也应该看看世界，开阔视野。于是二人接受天心的建议，先去印度旅行。两人在印度受到泰戈尔家族的大力相助，他们深深地被印度文化吸引，回日本后不久，大观和春草也有了去西方旅行的机会。

1904年2月，天心接受波士顿美术馆聘请他做亚洲部顾问的邀请，决定赴美。跟随他一同赴美的有：漆艺名家六角紫水[1]、横

[1] 六角紫水（1867—1950）：日本漆工艺术家，曾随冈仓天心就职于波士顿美术馆，负责文物修缮工作。

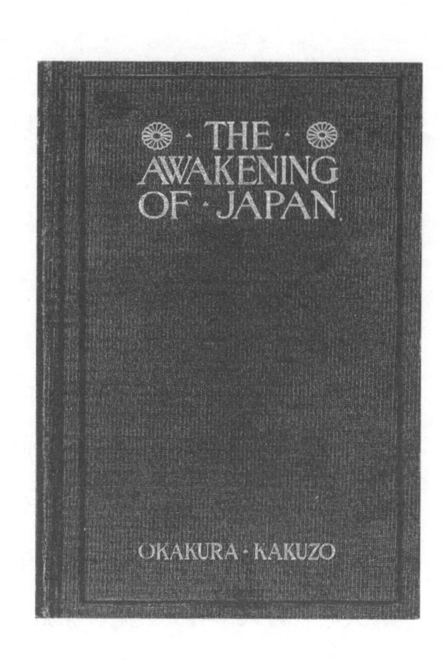

《日本的觉醒》第一版，纽约世纪出版社，1904年。
（茨城县天心纪念五浦美术馆）

山大观和菱田春草。六角紫水也受雇于波士顿美术馆，负责亚洲艺术品的修复工作。而大观和春草则将在美国举办画展，要自行筹措旅美的生活费用。天心坚持一行人穿着日本传统服饰，显示他们对日本文化的忠诚不渝。

1904年3月的一天，纽约港口的海关迎来了四位身穿和服的东方人。美国海关的工作人员对他们奇特的装束很好奇，而横山大观和菱田春草携带的一大卷上等丝绸更让那些身穿制服、威风凛凛的美国人困惑。他们不知道这些日本人带着一大卷布料要干什么，当被告知是用来绘画的时候他们更是大吃一惊。于是那天的通关物品记录中标注了一项“特大号速写本”。

天心的美国之行为他在日本的事业画上了句号。他给自己的新定位是依靠建立博物馆的东方藏品和英文写作来宣传东方文化。天心在美国的事业得以顺利发展，不只得到众多美国上层社会男性朋友的支持，例如毕格罗、拉·法基、科斯特等；他的成功还与波士顿精英女士们的大力相助密不可分。他们一行人到达纽约后，受到天心的好朋友瑟斯比（Thursby）姐妹：樱娜（Ina）和歌唱家埃玛（Emma）的热情款待。他和六角紫水就住在瑟斯比的家中，而大观和春草则在附近找到一个招待日本劳工的小旅馆。

当时日本在日俄战争中取得了胜利，公众对他们的兴趣大增。瑟斯比姐妹马上为他们安排了一系列社交活动。大观和春草抓住机会举办画展，筹措资金。天心和六角紫水则于 3 月赴波士顿就职。

天心一行人奇异的装束、优雅的举止充满异国情调，马上吸引了媒体的注意，3 月 20 日的《纽约时报》报道了他们的活动。《日

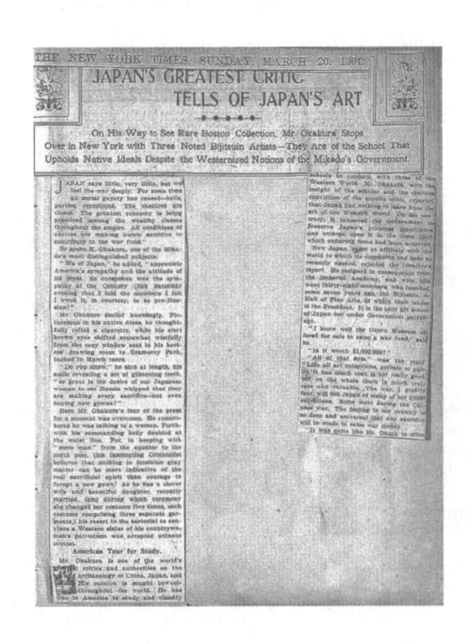

THE NEW YORK TIMES, SUNDAY, MARCH 20, 1904.

JAPAN'S GREATEST CRITIC TELLS OF JAPAN'S ART

On His Way to See Rare Boston Collection, Mr. Okakura Stops Over in New York with Three Noted Bijitsuin Artists—They Are of the School That Upholds Native Ideals Despite the Westernized Notions of the Mikado's Government

1904 年 3 月 20 日，《纽约时报》发表报道冈仓天心一行人的文章：《日本最伟大的评论家谈论日本艺术》。

（茨城县天心纪念五浦美术馆）

本最伟大的评论家谈论日本艺术》的大标题很引人注目。天心在美国记者面前会意地微笑，若有所思地抽着烟卷，一双警觉的黑眼睛扫视着四周。在记者眼中，这位身穿和服的日本人本身就是一道风景。

天心有时被描写成一个善于取悦上流交际圈的女士的人，因为这些女士喜爱涉猎新鲜事物，比如亚洲文化。秉持这种偏见的人包括日本文学学者唐纳德·奇尼[1]，他曾经说过他极度厌恶天心的英文作品，例如《茶之书》，因为这些著作显示了“他如何取悦波士顿的女士们，以及她们多么宠爱他。”其实，20 世纪初美国开始兴起女权主义运动，波士顿上流社会的杰出女性在文化、宗教、教育和美国社会变革中起着重要的作用。天心不但尊重女性，也享受和她们交往的乐趣。他众多的女性朋友中，许多人不仅仅是“社交名媛”，更是专业人士，其中更有一位有权有势的女人在天心的生命中占有重要位置，堪称他美国事业成功的贵人。他们曾两次擦肩而过，一直素不相识。在他们结识后，成了一生的知己，两人的微妙关系也一直被波士顿上流社会的人们猜测揣摩。

天心的好朋友约翰·拉·法基嘱咐他务必见一位被称为“后湾女王”的伊莎贝拉·加德纳夫人，并特地写了一封引荐信。

42 岁的天心从灯塔街附近的玛尔堡街寓所出发，去拜访素未谋面的加德纳夫人。这位身穿日本和服走在充满新英格兰风情的芬威大街上的东方人，吸引了人们好奇的目光。而他要去会见的这位伊莎贝拉·加德纳夫人更是受众所瞩目的人物。

她是波士顿的传奇。

[1] 唐纳德·奇尼（Donald Keene，1922—2019）：美国出生的日本文化学者、历史学家、作家、日本学翻译者。

伊莎贝拉

这位被外界誉为“后湾女王”的女子，家人亲切地叫她贝莉（Belle）。她的司徒尔德家族据说和苏格兰女王玛丽同宗，虽然是一个富裕的大家族，但还不能算是显赫豪门。她的父亲戴维·司徒尔德（David Steward）是后来从与爱尔兰人做亚麻布贸易和对美国中西部铜矿的投资中发了财。

我很喜爱这张黑白照片上的伊莎贝拉，看了她诸多肖像，我感觉这张与真实的她最像。她一身贵族打扮，身穿高领长袖的庄重晨装，高束的发髻配上羽毛装饰的帽子，手戴镶有蕾丝边的手套。她那双充满好奇的眼睛看着镜头，不矫揉，自信大方中透着少许顽皮。她的表情是放松的，但薄薄的下唇像是故意收紧，给柔美而率真的面庞增添了一丝倔强。这些许的顽皮与倔强给这张黑白照片平添了一抹亮丽的色彩。照片下部是她潇洒优雅的签名——Isabella。是的，这就是她。

伊莎贝拉出生在纽约，从小就不喜欢和女孩子玩，喜欢与男孩子为伍，美国著名作家亨利·詹姆斯（Henry James）就是她儿时要好的玩伴。少女时期的伊莎贝拉热爱法国，曾在巴黎上私立学校，1857 年随家人去威尼斯旅行，对威尼斯一见钟情。这个古老而美丽的城市带给了她无数灵感，她后来依靠这些灵感建造了自己的宫殿“芬威庭院”[1]。

1860 年，20 岁的伊莎贝拉嫁给了波士顿名流约翰·加德纳（John Lowell Gardner Jr.），昵称杰克（Jack）。加德纳家族是

[1] 芬威庭院（Fenway Court）：伊莎贝拉·斯图尔德·加德纳博物馆，芬威是其所在街道的名字。

伊莎贝拉·加德纳，1888 年

（Isabella Stewart Gardner Museum, Boston）

响当当的“波士顿婆罗门”之一。婚后，他们搬到伊莎贝拉父亲送给他们的结婚礼物——波士顿灯塔街 152 号的房子中定居下来。后湾区灯塔街一带的联排别墅的住户非富即贵，比如他们的邻居就有诗人茱莉亚・沃德[1]。妈妈深知伊莎贝拉豪放不羁的个性，特意送给她一本《优雅女士指南》[2]，希望嫁入豪门的她能行为得体，成为上流社会的社交名媛。

然而美丽任性的贝莉小姐在波士顿手持这本指南，把其中的戒条逐一打破。她言行出位，衣着大胆，总是人们谈论的焦点。1912 年的波士顿交响音乐会上，她头缠白色发带，上面印着“哦，你呀红袜队”，来表达她对波士顿职业棒球队“红袜队”的热烈支持。据媒体报道，她的这个奇异装扮“差点儿造成恐慌”，这件事也成了她被人谈论的诸多怪癖之中最有代表性的例子。

杰克和伊莎贝拉于 1883 年 5 月开始为期一年，耗费 23500 美元的环球旅行。因为杰克觉得自从 1865 年他们 2 岁的儿子夭折后，伊莎贝拉就一直闷闷不乐，他还担心妻子和一个青年作家弗朗西斯・克拉福特（Francis Marion Crawford）走得太近。他们的婚姻需要一次“出走”来注入新的生命力。

环球旅行的另一个催化剂则来自他们的朋友——动物学家爱德华・摩斯[3]。摩斯教授曾于 1877 年到 1883 年在东京大学任客座教授，

[1] 茱莉亚・沃德（Julia Ward Howe，1819—1910）：美国诗人，《共和国战歌》的作词者。

[2] 《优雅女士指南》（*A Lady's Guide to Perfect Gentility*）：当时美国流行的关于女性礼仪指导的书籍。

[3] 爱德华・摩斯（Edward Sylvester Morse，1838—1925）：动物学家，东方文化推崇者，是东京大学的第一位动物学教授。他回到美国后，举办了一系列讲座，介绍他在日本的所见所闻。他的讲座丰富精彩、趣味横生，成为热门，激发了不少人对东方的兴趣。加德纳夫妇和毕格罗都受到他的影响，爱上了日本艺术。他还介绍菲诺罗萨去东京大学任教，因此冈仓天心有机会结识菲诺罗萨。

并协助日本创立了自然历史博物馆。摩斯深深地被日本文化打动，他的日记本和素描本上满是他的“日本印象”。他还开始收藏大量日本的陶瓷器，其收藏现在还在波士顿美术馆展出。

摩斯教授积极地向社会分享他对日本的热情。他于 1882 年在罗威尔学院 [1] 举办了一系列深受欢迎的讲座。这十二堂关于日本的讲座，详尽有趣，从日本环境地貌到语言文化，再到陶瓷艺术，包罗万象。在公开讲座之前，杰克和伊莎贝拉曾在 1882 年的 2 月到 3 月间邀请摩斯到家中举办了有关日本见闻的私人演讲。多年之后，摩斯把讲座内容整理出版后，曾写信给伊莎贝拉，“许多年前在您府邸的讲座让我终生难忘，其实当时最受益的人是我。”[2] 摩斯教授是一位生动有趣的演讲家，他会画画，在讲座中喜欢用黑板来即兴速写，图文并茂，令讲座妙趣横生，大受欢迎。当时的媒体争相报道这一系列讲座，社会影响很大。他的演讲更激发了加德纳夫妇探索东方的兴趣。杰克与伊莎贝拉以及他们的朋友毕格罗和罗威尔 [3] 开始计划去东方的旅行。摩斯教授还曾介绍菲诺罗萨去东京大学任教。后来菲诺罗萨在东京大学遇到天心，而天心在东京大学就读时，也许就认识了摩斯教授，可能还上过他的课。这大概就是天心和伊莎贝拉缘分的源头。

加德纳夫妇于 1883 年 6 月 18 日到达横滨，这是天心出生的城市，也是那时外国人登陆日本的第一站。6 月和 7 月，他们在日

[1] 罗威学院（Lowell Institute）：位于马萨诸塞州，波士顿由约翰罗·威尔（John Lowell）基金会创办。

[2] Alan C, Noriko M, Christine M. E, et al, *Journeys East: Isabella Stewart Gardner and Asia*, Boston: Periscope Publishing, 2009, p.14.

[3] 帕西瓦尔·罗威尔（Percival Lowell, 1855—1916）：罗威尔家族成员，是约翰·罗威尔的曾孙。商人、数学家、天文学家、作家。建立了罗威尔天文台，最终促使冥王星在他去世 14 年后被发现。

本东部旅行，多次游览东京，还到访日光、镰仓和金泽。他们会见了波士顿的朋友毕格罗和罗威尔。毕格罗是加德纳夫妇私人医生的儿子，当时已经在东京待了一年并在东京大学任教，他为加德纳夫妇的日本行程提供了很多帮助。而罗威尔比加德纳夫妇早到日本一个月。波士顿的几位精英在摩斯教授的影响下终于在日本的土地上重逢。

由摩斯教授介绍去东京大学的菲诺罗萨已经在日本生活五年了。毕格罗和菲诺罗萨联合倡导保护日本艺术，而他们的所有项目都得到一个人的鼎力相助，那个人就是菲诺罗萨曾经的学生天心。那时，菲诺罗萨在日光有一处避暑别墅，经常招待波士顿来的朋友，毕格罗是常客。1883 年的那个初夏，加德纳夫妇在毕格罗的介绍下会见了菲诺罗萨夫妇。伊莎贝拉在 1883 年 6 月 26 日的日记中写道：与菲诺罗萨夫妇在毕格罗的寓所里共进晚餐。这也许就是他们的第一次见面。6 月 30 日，她又写道：我们去菲诺罗萨家吃下午茶。

从此，伊莎贝拉和天心有了菲诺罗萨这个共同的朋友，他们之间开始有了某种隐形的联系。天心在 1886 年访问美国时，与伊莎贝拉擦肩而过。他们的相遇一直被推到二十年后，一个从事业的顶峰跌进低谷，被日本美术届放逐，不得已到美国谋求发展；一个备受家人宠爱的女人相继失去了父亲、儿子和丈夫，成了名副其实的孤家寡人，她把全身心投入到艺术品收藏中。有时候，命运似乎在捉弄人，又好像有她的理由。她不让两个人在一帆风顺时相识，反而让他们在暴风雨后相遇。因为经历了风雨之后，他们才会洗尽铅华，不骄不躁。在这个时候，深埋在心底的火花一触即发，再次点燃双方的生命。

8 月中旬加德纳夫妇开始访问神户、大阪、京都、宇治和奈良。这次环球旅行中，日本给伊莎贝拉留下了深刻的印象。她认真地写了旅行日记，事无巨细地记录她的所见所闻。日本相扑选手、黄包车夫、身穿和服的日本女人和家庭作坊的照片贴满了她的日记本。日后她把这些游记认真编排收藏在博物馆中，每每有朋友拜访，她都会开心地与之分享。旅行期间，伊莎贝拉还给朋友们写信分享见闻，把旅行的热情和奇闻趣事诉诸笔端。那些私人信件文采飞扬，笔触细腻，难怪她的朋友托马斯·酷力杰（Thoma J. Coolidge）——美国第三任总统托马斯·杰斐逊的重孙，曾被伊莎贝拉对东方的热情感染，他在信中写道：你不仅仅是最玲珑的女性，更是我所认识的人中最会写信的……我不得不按照你的意愿销毁这些信件，但我心怀歉疚，这些信件应该被收藏并结集出版的。

9 月 2 日他们从长崎离开日本去上海，深入地走访亚洲诸国，足迹遍及中国、越南、新加坡、马来西亚、柬埔寨和缅甸等。她越来越喜爱亚洲文化，异国情调不只带给她新鲜感，还激发了她的艺术灵感，她开始收藏东方艺术品。他们的旅行结束于伊莎贝拉最爱的城市——威尼斯。

这次旅行之后，日本文化开始进入伊莎贝拉的生活。然而与她的朋友们相比，伊莎贝拉还未真正开始东方艺术品收藏。菲诺罗萨的家中已经收集了大量日本艺术品和绘画。毕格罗也收藏有各种艺术品，而罗威尔则钟情卷轴。加德纳夫妇曾在日本的旅行中购买了一对日本屏风，当时被认为是著名大师尾形光琳[1]的作品，但后来

[1] 尾形光琳（1658—1716）：日本江户时代的画家、工艺美术家，琳派代表人物之一。

发现是 19 世纪的仿作。他们夫妇在日本之行后很快就在布鲁克林的翠山避暑别墅建了一个日式庭院，有池塘莲花小桥亭阁，还放置了石灯笼。然而庭院中最令人瞩目的是摇曳多姿的鸢尾花。伊莎贝拉钟情鸢尾花，在日本时就特地去位于东京的堀切菖蒲园朝圣。堀切菖蒲园现在还以鸢尾花闻名，园内种植了 6000 多株鸢尾花。伊莎贝拉被日本鸢尾花深深打动，购买了一批鸢尾花和郁金香花球茎运回波士顿。这些从日本运回的根茎成就了日后伊莎贝拉闻名波士顿的翠山别墅鸢尾花园。

他们在后湾的家中也陈列了不少日本艺术品，这里还是从日本旅行归来的朋友们分享旅行见闻的好地方。1890 年，菲诺罗萨一家人从日本回波士顿后也成了这里的座上客。那时，菲诺罗萨开始担任波士顿美术馆亚洲馆馆长。加上 1889 年从日本回来的毕格罗，和加德纳夫妇在布鲁克林的邻居罗威尔，他们组成了一个热爱东方艺术的小圈子。这些日本通具有不俗的日语能力，还能够用罗马式日文在伊莎贝拉的签名簿上留言签名。

伊莎贝拉的表亲弗朗西斯・科特斯是她与日本保持密切联系的另一条纽带。多年之后，天心就住在弗朗西斯的寓所，他带着弗朗西斯对表姐的亲密问候，从那里出发去芬威庭院与伊莎贝拉会面。弗朗西斯・科特斯曾经于 1899 年、1901 年和 1902 年参加在东京举办的艺术学院比赛展览，笔名“霞亭”。他是少数几个参加这种展览的外国艺术家。这个富有的美国青年热爱日本美术，敬仰天心，在天心事业低谷时曾捐助日本美术学院，并在那里学习绘画。1903 年弗朗西斯从日本回到波士顿时就住在灯塔街附近的玛尔堡街的一幢联排别墅里。第二年天心到达波士顿时就住在他家。弗朗西斯是

天心在波士顿忠诚的盟友，曾陪伴天心拜访波士顿美术馆，以确保他受到尊重和礼遇。

1891 年伊莎贝拉的父亲去世，她继承了 160 万美元的遗产。她和丈夫一致同意将这笔钱用于艺术。她曾说过：“多年前我就认为我们国家最需要的是艺术，所以我便决心投身这项工作。”夫妇两人积极收藏，于 1896 年成功收购伦勃朗[1]和提香[2]的一批重要油画，这成为伊莎贝拉收藏的转折点。加德纳夫妇开始意识到他们的收藏质量之高可以和博物馆媲美，于是他们决定为存放藏品规划新建筑。不幸的是杰克·加德纳于 1898 年去世。失去了亲人的伊莎贝拉对这个项目倾注了全部的精力，她开始建造梦想中的威尼斯宫殿。她的宫殿坐落在芬威大街的一端，毗邻波士顿中央公园。她将这幢意大利风格的建筑称作“芬威庭院”。

她梦想中的芬威庭院不仅要混合视觉和听觉艺术，更要囊括世界各地的艺术品。于是，从 1901 年到 1903 年伊莎贝拉开始有意识地、积极地收藏亚洲艺术品。

芬威庭院于1903年落成，四年后波士顿美术馆乔迁新址，与“芬威庭院”仅有几步之遥。盛大的开幕典礼上，波士顿交响乐团的成员们登台献艺。据说伊莎贝拉的典礼个性十足，雅俗共赏，餐单上既有高贵的香槟也有平民的甜甜圈。

失去亲人宠爱的伊莎贝拉把自己的居所安置在“威尼斯宫殿”的四楼，和自己的艺术品朝夕相伴，做真正的“女王”。

这座四层高带着露台的宫殿美轮美奂。站在古典别致的露台上，

[1] 伦勃朗（Rembrandt Harmenszoon van Rijn，1606—1669）：欧洲巴洛克绘画艺术的代表画家之一，是荷兰黄金时代的主要画家，被誉为荷兰历史上最伟大的画家。

[2] 提香（Titian，1488/1490—1576）：意大利文艺复兴后期威尼斯画派的代表画家。

花香扑鼻而来，向下望去，精巧典雅的中庭花园栽培着各色花草，四季呈现不同景致。抬头看去，阳光透过玻璃穹顶洒在花园中。伫立在园中的希腊残像伴随着罗马式柱廊的光影，朦胧惬意，让人微醺欲醉。西班牙回廊按照中世纪横跨亚欧大陆的伊斯兰帝国式样设计，其西班牙风格的细节则体现在那两千多枚 17 世纪的墨西哥砖上。蜜罐里长大的伊莎贝拉在痛失亲人的日子里，亲手用那些瓷砖拼出来的花纹为这个别致的空间增添了深厚的历史感和浓厚的异国风情。这里的每一处光影、每一束花香都有着伊莎贝拉的体温；每一处回旋，每一件藏品都蕴藏着伊莎贝拉的笑与泪。

起初，她计划把自己的艺术之家免费开放给公众，每年开放 20 天，每日观光人数不超过 200 人。后来她决定收取 1 美元，过滤掉随便闲逛的无聊人。芬威庭院迅速成为波士顿文化精英的聚集地，经常造访的人士包括：诺贝尔文学奖获得者、著名诗人托马斯·艾略特[1]、作家亨利·詹姆斯、出身总统之家的历史学家和文学家亨利·亚当斯（Henry Adams）、女作家伊迪丝·华顿（Edith Warton），艺术家约翰·拉·法基和约翰·辛格·萨金特[2]等。

这里汇集了众多充满生机的艺术家、作家和音乐家的作品，把现实社会与听觉艺术和视觉艺术完美地融合在一起，充分表达了伊莎贝拉对美学的理解。艺术的多面性决定了艺术不能脱离生活，艺术要是生活的艺术，方能生机勃发；生活要是艺术的生活，方能散发迷人的气息。而艺术更是各国文化的桥梁，东方与西方不同的文

[1] TS 艾略特（T.S. Eliot，1888—1965）：美国英国诗人、评论家、剧作家。1948 年获得诺贝尔文学奖。

[2] 约翰·辛格·萨金特（John Singer Sargent，1856—1925）：美国艺术家、肖像画家。曾为伊莎贝拉·加德纳绘制肖像。

伊莎贝拉·斯图尔德·加德纳博物馆——芬威庭院的中庭。

(Isabella Stewart Gardner Museum, Boston)

化可以通过艺术来融合，使东西方国家在互相欣赏中化干戈为玉帛。伊莎贝拉的艺术理念与还未动笔的《茶之书》有异曲同工之处。

芬威庭院还是伊莎贝拉和天心见面聚会的绝佳地点。对于天心来说，这里与隔壁的波士顿美术馆最大的不同是，波士顿美术馆是工作和得到薪金的场所；而在芬威庭院，休闲和工作、业余或专业、私密与公开，全无明确的界线，一切都完美地融合。这里，既是家，又是博物馆，更是公共学院。伊莎贝拉不仅收藏艺术品，还收藏植物标本、书籍、手稿、照片和信件等，她更喜欢召集有趣的人来做客，天心当然相当符合“有趣”这一条件。

那个1904年3月的最后一个星期天，天心按下芬威庭院的门铃，递上拉·法基写给主人的引荐信，信上写道：

“您可能听说过他，我还是想和您分享我对他的评价，他是我迄今为止知道的最有真知灼见的艺术评论家。我觉得您会很高兴结识这样一个绝无仅有的人物……”[1]

“后湾女王”就快要庆祝她64岁的生日了，见多识广的她到了这个年纪，什么人没见过？然而面前这位中等身材、身体结实的日本男人，目光坚定而忧伤，举止优雅又神秘，谈吐自信又睿智。他在一袭庄重华丽的日式和服的衬托下，真真正正是拉·法基所说的绝无仅有的人物。

这是一场命中注定的相遇，虽然他们一次次地擦肩而过，但这一次相遇是最好的安排，不早也不晚。他正值壮年，有了一番成就，事业与生活的挫折把他磨砺得更坚韧；她虽然青春不再，失去了至亲，但对艺术的追求达到了顶峰。虽然不是在她最好的年华，但她遇到了最好的他。感谢上苍，伊莎贝拉终于在风华逝去的晚年，在

[1] The Trustees of the Isabella Stewart Gardner Museum, *East Meets West: Isabella Stewart Gardner and Okakura Kakuzo*, Boston, 1992, p.19-20.

她离群索居的威尼斯宫殿里，邂逅了她的东方导师。她的芬威庭院陈列的亚洲藏品迎来了专业鉴赏家。

伊莎贝拉听从了拉·法基的建议，请这位新朋友帮忙鉴定一些中国卷轴挂画。天心仔细查看了这些挂画，之后专门写了一封信给伊莎贝拉，解释挂画的签名、画的内涵，并鉴定了年份。但是，这是他们之间唯一的一次关于艺术鉴定的专业接触。后来伊莎贝拉帮助天心的日本美术学院举行画展，她自己却没有在这些画展上买画。随着天心的到来，伊莎贝拉在亚洲艺术品收藏方面的精力从购买转移到认识和欣赏现有藏品上。这位日本最具影响力的艺术评论家并没有在收藏鉴定方面给予伊莎贝拉专业指导，而是以一个朋友的身份引导她重新审视她拥有的藏品，赋予藏品更深刻的艺术内涵，使之焕发新的生命。与其说他们是工作伙伴，不如说是亲密的朋友。他们互相欣赏、互相理解，一个是在西方社会打拼的东方异类，远离故土；一个经历过世间风华，痛丧至亲。

他们迅速成为密不可分的知己。

加德纳夫人的传记中写道：“当他在波士顿的时候，加德纳夫人总是和他在一起。”然而“在一起”的这种说法很暧昧，他们的关系一直是波士顿上流社会的话题之一。是友谊抑或是爱情，还是两者之间的暧昧地带，人们百般揣测，却无从得知。伊莎贝拉眼中的他，那么有趣、有深度，既超凡脱俗，又温柔体贴。最重要的是，没有一个人能比被迫离开家乡的天心更理解她内心的孤独。

伊莎贝拉的访客签到簿

加德纳夫人博物馆的馆长在回复我索取有关冈仓天心资料的邮件中写道：我觉得你会对加德纳夫人的访客签到簿感兴趣，上面记录了冈仓先生和他的朋友的每一次到访。

于是她发来了签到簿的照片。尽管纸张泛黄，但是不难看出这本签到簿是质量上乘的本子。浅蓝色的硬皮封面，米黄色的内页上画着优雅的蓝色格子，左右两页摊开组成一张表格，表格的左右上方各有一句名言。表格上方的页眉有姓名、住址、到达和离开时间、目的地、活动和留言。为了不让最左边的格子空着，每一页的格子里都印了一句名言。

在天心与加德纳夫人的第一次会面的两个月以后，5 月 17 日，签到簿上记录了天心和六角紫水的到访。同时到访的还有弗朗西斯・加德纳・科斯特、约瑟夫・林顿・史密斯[1]。这两位都是日本通和日本艺术的爱好者，与伊莎贝拉的新朋友天心和六角紫水很合得来。芬威庭院的日本艺术派对显然是成功的。

又过了两个月后的 7 月 10 日，天心第三次到访芬威庭院，他拿起水笔，沾了沾墨水，写下了自己的名字。他是这页签到簿的第四位。前面都是英文签名，而天心没有用英文签名，他的汉字签名方正有力。在住址一栏，他下笔时犹豫了一下，好像是要写 Japan 的 J，但又改变主意写下了日本的日文名字“Nippon”，然后以地道的英文写下 July 10，在留言一栏，他写道：

[1] 约瑟夫・林顿・史密斯（Joseph Lindon Smith，1863—1950）：美国画家、艺术家。

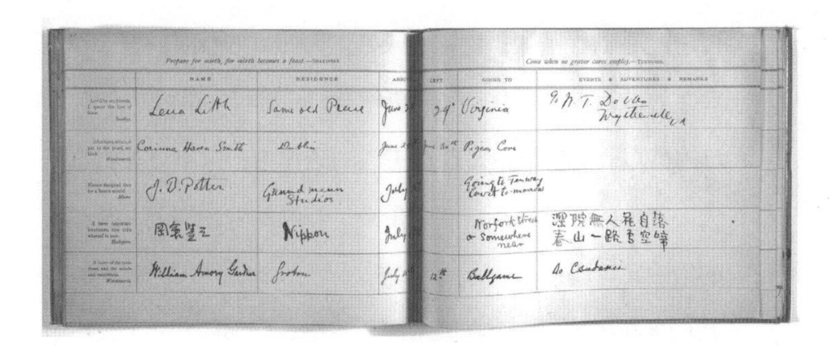

在这一页的众多英文签名中，位于倒数第二行的汉字特别引人注目。姓名栏里用黑色水笔写着“冈仓觉三”，这几个字的颜色比较深，笔画也比其他的粗，应该是写字之前刚刚沾了墨水。

深院无人花自落

春山一路鸟空啼

这原本是唐代李华的《春行即兴》，原文为芳树无人花自落，春山一路鸟空啼。天心把“芳树”改成“深院”用来形容芬威庭院宁静平和，满园芬芳馥郁的景致。而他填写的这一栏左边的名言好像也是为他专门订造的：我有要事在身，现在就是风潮涌动时。这次到访之后，天心每个月都会造访伊莎贝拉的宅邸。

伊莎贝拉被这位东方朋友的魅力倾倒。他们刚刚相识一个多月，在她 5 月写给她的收藏经纪人博伦森[1]的信中就曾提到天心在美术馆工作的事情。她语气欢欣地写道：

[1] 博伦森（Bernard Berenson，1865—1959）：美国艺术历史学家，伊莎贝拉·加德纳夫人的艺术品收藏经纪人。

“冈仓忙于博物馆的事物（美术），为菲诺罗萨时期就堆在那里的那些东西编辑目录，发现了大量赝品！！鄙视菲诺罗萨。”[1]

8 月的盛夏，伊莎贝拉发现在天心的陪伴下，这个夏天有点不一样，天心和他的伙伴为芬威庭院带来了新鲜的异国情调。她在给博伦森的信中又写道：

“我们坐在树下，一个在画素描（不是我们那种方式），一个在以他特有的方式插花，就这样我们好像远离尘世了，耳边只响起冈仓诵读精彩诗歌和讲述东方故事的声音。”[2]

她还谈论到在纽约的一个晚宴上遇到天心，当时为此兴奋异常。

通常天心都是单独造访芬威庭院，但是 11 月 6 日那天，天心带了他的三位日本同伴一起拜访伊莎贝拉。伊莎贝拉在这班日本朋友的启发下，开始细心体会季节变化的美。这是芬威庭院主人期待的一个以深秋为主题的派对，和盛夏一样，四位日本朋友将给芬威庭院带来别样的气氛。

淡蓝色的签到簿上，东方艺术家们以各自的风格签名留言。六角紫水写他到访的目的是焚香，后来却做了令人惊艳的插花。虽然我们无法亲眼看见六角紫水的美妙插花，但那次派对想必也像 8 月那次的仲夏派对一样美好。天心自称来自“世界诞生的国度”，又留言说看见横山大观用菊花叶画画。幽默的横山大观，性格外向，他在天心下方签名，声称到访的目的是画画，继而在留言栏里又写“画完了”。而这幅画成了一个谜，除了天心之外，恐怕没人看到

[1] Rollin Van N Hadley, *The Letters of Bernard Berenson and Isabella Stewart Gardner 1887—1924*, Boston: Northeastern University Press, 1987, p.335.

[2] 同上，p.342。

横山大观那天画的画，就连主人伊莎贝拉也很疑惑。这个谜在超过一个世纪以后才被揭开。加德纳夫人博物馆的研究人员在签到簿封底的衬页中发现了横山大观那幅以菊花叶为笔的水墨画。和他的签名一样，横山大观采用朦胧法画了一株树，树顶有一只小鸟，下脚署名“大观”。

这几个幽默风趣，身怀绝技的日本艺术家成了伊莎贝拉的好朋友。而他们也发现这位“后湾女王”可爱有趣，慷慨大方，与之结交不但为离乡背井的日子增添了一抹温情，还有助于他们在波士顿文化界站稳脚跟。

当横山大观和菱田春草将在剑桥举办画展时，天心向伊莎贝拉发出邀请，希望她能够在画展上司茶。他以含蓄又打趣的语气写道：

“请您允许我在画展上准备献茶，并伴以盐渍李子、海藻和所有邪恶的东西。如果我斗胆邀请您来帮忙，不会吓着您吧？”[1]

之后，天心又请伊莎贝拉带上几位杰出的女士帮忙。从 11 月 17 日到 27 日为期十日的画展举办得非常成功。其规格之高，只看看地位显赫的司茶女们就知道了。除了“后湾女王”亲自带领献茶外，还包括著名肖像家西西里・宝[2]、纽约歌唱家埃玛・瑟斯比和为画家们提供公寓的莎朗・布尔[3]。波士顿文化界精英最喜欢的《波士顿晚报》报道了这次画展，虽然报道并未提及这个特殊的司茶团队，但不难想象来观展的嘉宾喝一杯“后湾女王”献上的茶时，恐怕不

[1] 本书中所有冈仓天心与伊莎贝拉的通信都引自 Okakura Kakuzo, *Collective English Writings III*, Tokyo: Heibonsha Limited, 1984。

[2] 西西里・宝（Cecilia Beaux, 1855—1942）：20 世纪初期美国最成功的肖像家之一。

[3] 莎朗・布尔（Sarah Chapman Bull, 1850—1911）：美国作家，威维卡南达的信徒，与挪威小提琴家欧・布尔（Ole Bull）结婚。

Welcome once more, my friends, welcome once more.—LONGFELLOW.

	NAME	RESIDENCE	ARRIVED
The hand that made you fair has made you good. *Shakspere.*	Okakura-Kakuzo	Land of the THe Birthday	Nov 6th
Charms strike the sight, but merit wins the soul. *Pope.*	Yokoyama Taikan	Cambridge	Nov. 6th
Always thoughtful, and kind, and untroubled. *Longfellow.*	Shunso Hishida	Cambridge	Nov 6th
To be merry best becomes you. *Shakspere.*	Matt Prichard	Boston	Nov 8
Of piercing wit and frequent thought. *Dryden.*	George Proctor	Brookline	Nov 10

(4)

We should a guest love, while he loves to stay; and, when he likes not, give him loving way.—GEORGE CHAPMAN.

RESIDENCE	LEFT	GOING TO	EVENTS ◆ ADVENTURES ◆ REMARKS
Land of the THe Birthday	Nov 6th	Forest Hill	Saw Taikan paint with Chrystamum leaves.
Cambridge		To paint	I did it.
Cambridge	Nov 6th	To Paint	also
Boston	Nov 8	Boston	No casts ; no crowd.
Brookline		teach	

访客签到簿内页，1904年11月6日，最上面是冈仓天心以英文签名：Okakura Kakuzo。他的签名下方颜色较浅的是横山大观的签名。（Isabella Stewart Gardner Museum. Boston）

买一两幅画也会觉得不好意思吧。不过，伊莎贝拉并未在画展买画，她的表弟弗朗西斯倒是买了两幅。

那一年的圣诞节前夜，天心决定为他的波士顿朋友举办一次晚宴。他坚持准备日本经典菜式来招待美国朋友。而大观和春草就被赶鸭子上架，担当厨师。横山大观之后在他的回忆录里特别描述了这次不同寻常的聚会。他笔下的来宾包括住在楼上的年轻女人——一位挪威议员的女儿、波士顿博物馆副总监、“后湾女王”加德纳夫人和另外两三个人。那位博物馆副总监估计是博物馆总监助理马修·普利乍得[1]。他和天心在博物馆的工作中经常接触，也是伊莎贝拉的好朋友。

20 世纪初，要在美国举办一个日本晚宴，太有挑战性了，更何况舞弄笔墨的画家要系上围裙做厨师。第一个难题就是找不到需要的食材。他们想来想去，只能保留一个地道的日本菜——鱼板。地道的鱼板是由白肉鱼捣碎磨成糊状后或蒸或烤制而成的。横山大观写道：

“我们真的找不到合适的鱼。就勉强用鳕鱼代替。我们融化了一些胡粉[2]和面粉混合，加入鱼浆中，使其起码看起来比较像鱼板。美国的面粉又白又细，我们的鱼板后来烤糊了变成黑色。”[3]

烧焦的鱼板之后的那道菜是一款有酸梅的寿司。这款包裹着带果核的酸梅寿司成了晚会的高潮。天心煞有介事地介绍这款寿司说

[1] 马修·普利乍得（Matthew S Prichard，1865—1936）：美国艺术历史学家。曾任波士顿美术馆秘书和总监助理，与冈仓天心共事，也是伊莎贝拉·加德纳夫人的朋友。

[2] 以牡蛎壳制成的绘画颜料。

[3] Taikan Yokoyama，*Taikan Jiden*，Tokyo: Kōdansha，1981，p.75.

“这寿司的中间包有日本武士道精神，请品尝。”马修·普利乍得毫无防备地一口咬下去，刚好咬到酸梅的坚硬果核，牙齿硌得生疼不说，紧接着一股强烈的酸味袭来。彬彬有礼的马修为了不冒犯主人，强保仪态，别无选择地将寿司连同酸梅核囫囵吞下。天心注意到客人异常的面部表情，故意问马修觉得味道如何。马修缓了缓神，不失幽默地答道：“你说的对，里面确实有武士道精神。”

当时的场面可想而知，但这样的戏剧性场面才是聚会的精华所在，给那个微寒的初冬带来一抹温暖的笑意。伊莎贝拉喜欢这样的聚会，幽默风趣的与会者和种种小插曲都成为她脑海中美好的记忆。

刚到波士顿的天心与伊莎贝拉享受着互相陪伴的乐趣，她帮助他和他的同伴举办画展，但不购买任何作品，这使得他们的关系脱离商业化的利益冲突，保持轻松与私密。不像她和她的收藏经纪人博伦森，因为工作和利益有时会导致两人的关系紧张。

1905 年 3 月，天心返回日本，开始了往返日本和美国的双栖生活。他一边打理波士顿博物馆的事务，一边兼顾日本美术学院的事务，还带了雕金家冈部觉弥[1]去美国。临行前，他委托伊莎贝拉照顾自己的日本同事，说“他们的命运掌握在你手中”。伊莎贝拉对天心的委托很上心。她让六角紫水和冈部觉弥搬去她在布鲁克林的别墅居住，方便照顾。

布鲁克林翠山别墅的日式庭院[2]是伊莎贝拉一手打造的东方乐园。这个庭院建成很久以后，伊莎贝拉才与天心相识，但这个庭院

[1] 冈部觉弥（1873—1918）：日本著名雕金家，曾为波士顿美术馆修缮文物。

[2] 翠山别墅是加德纳夫妇的避暑别墅，是杰克·加德纳于 1884 年继承的父亲的遗产。他们重新装修了别墅，并建造了一个日式花园。

冈仓天心与伊莎贝拉及朋友们。
后排左起：A. Piatt Andrew，伊莎贝拉。
前排左起：冈仓天心，Caroline Sinkler, Henry Davis Sleeper。
摄于 1910.10.6，马萨诸塞州 Andrew 的家。
（Isabella Stewart Gardner Museum，Boston）

就像是专门为天心和他的日本同伴准备的。

1905 年夏天的翠山别墅访客签到簿里贴满了六角紫水和冈部觉弥的照片。六角紫水和冈部觉弥的入住为这个庭院增添了从未有过的鲜活的日式风情。两个日本艺术家流连在石灯和鸢尾花间，他们第一次吃芝士烤面包，初次品尝当地的应季水果，和其他住客一起去海滩游览、听音乐会，做了一把地道的波士顿人。

六角紫水和冈部觉弥从此与伊莎贝拉建立了深厚的友谊，之后的十几年间还互相通信。1918 年 10 月 28 日，六角紫水写信给伊莎贝拉，告知她冈部觉弥离世的消息。他写道：

“我曾想和他一起再次拜访您，但现在完全不可能了。如果有机会的话，我会自己拜访，那么我会多孤单呀！我想他和冈仓先生正在天堂开心地聊天吧。但对我来说，这是一个孤独的世界。”[1]

1905 年 10 月 25 日，六角紫水和冈部觉弥又一次出现在伊莎贝拉的翠山别墅访客签到簿上，那天一同到访的还有刚从日本回到波士顿的天心。天心这一次回日本后发现日本美术学院愈发衰落，于是在横山大观和菱田春草等几个忠实的弟子的支持下，日本美术学院转移到五浦海岸，学员们在那里度过了宁静却艰苦的岁月。天心在日本美术学院的职务也变得象征性多于实质性。

在天心往返日本和美国的那段日子里，他不在波士顿的大部分时间都是帮助博物馆收集日本和中国的艺术品，并委托六角紫水等日本同事或者弗朗西斯·科特斯等美国同僚监管亚洲馆的事宜。

[1] 1918 年 10 月 28 日，六角紫水写给伊莎贝拉的信，信封上手写“冈部去世”，由伊莎贝拉·斯图尔德·加德纳博物馆收藏。

一九〇五年

四十三岁　一碗见人情

它不似葡萄酒那般傲慢自大；
不像咖啡那样自顾自怜；
更没有可可那种假天真。

——《茶之书》

* * *

《世纪》杂志曾请天心预览一篇即将发表的关于插花的文章。天心毫不留情地指出美国作者对插花艺术的无知，其所述论点毫无根据。于是《世纪》杂志邀请天心撰写一篇关于插花的文章，天心以艺术家的高标准写了一篇详尽的、论述花道的文章。他热爱花朵，认为花是有灵性的生物，他温情脉脉地写道："夏日温和的微风还吹拂着，就请你继续摇曳生姿，在欢笑嬉闹的美梦中多留一刻吧！"当西方人在宴会上对陈列着的大把鲜花啧啧称赞时，只有他会担心"在盛宴结束之后，这些花儿们究竟去了哪儿呢？"这篇文章后来出现在《茶之书》上，成为很多人最喜欢的章节。

八十年后，在美国新墨西哥州的圣达菲工作室中，20 世纪最有代表性的女画家，以画花闻名的欧姬芙在她生命的最后的日子里，经常让助手朗读《茶之书》，她最喜欢的章节就是《花》。她会说："翻开《花》那一章，他懂花。"

天心在波士顿美术馆任职后，整理了上千件艺术品。在编排亚洲馆目录时，他录用了一批女子志愿者为一些珍贵的展品缝制丝绸袋子。志愿者们手工缝制了 60 多个丝绸和皮革袋子，为了帮助这些志愿者们认识到她们所做事情的意义，也为了使缝制工作更有趣，天心在她们工作的时候，为她们讲解亚洲艺术、历史、宗教和诗歌，让她们充分了解她们正在保护的艺术品的珍贵。六角紫水和冈部觉弥也通过天心翻译，讲解了各自艺术领域的知识。天心还为她们演示花道和茶道，美术馆简报记录道：“他以其特有的方式奉茶。”他对志愿者们说波士顿美术馆拥有世界上首屈一指的亚洲藏品，而这些古老珍贵的艺术品非常脆弱，它们漂洋过海，历经磨难来到美国，应该得到最好的保护。他的讲话后来被整理成一篇关于茶道的文章，叫作《一碗见人情》，于1905年4月在《国际季刊》(*International Quarterly*)上发表。这就是后来《茶之书》的第一章。

1905年1月，天心在芬威庭院主持了烛光日式茶道。多年前伊莎贝拉在日本旅行时，毕格罗曾带她去体验过日式茶道。如今，她在自己的家中与曾经令她着迷的日本传统文化再次相遇，伊莎贝拉又一次被深深地触动。毕格罗也参加了这次茶道聚会，时光流转，在日本的日子仿佛又回到眼前。这两位眼眶湿润的美国人，一个与天心相识二十多年，而另一个则二十年来与天心一次次擦肩而过，终于他们在烛光茶香中聚首了。这是天心教给伊莎贝拉的第一堂茶道课。

1905年的秋天，几个历经沧桑的木箱从东京到达波士顿邮政局。这些木箱经过长途旅行，遍体鳞伤。其中有一只装着建水[1]的箱子，邮政局职员认为破损情况严重，盖上“收到即此状态”的印章。木箱上方的正中间有人用毛笔写了一个大大的“茶”字。而空白处则字迹潦草地写着：美国，马萨诸塞州，波士顿，芬威庭院，加德纳夫人[2]。在回邮地址一栏，只写着“冈仓寄”。这些木箱像是装

[1] 建水：茶道用具之一，即水洗。
[2] 木箱上书写 Gardner 有拼写错误，似乎在很着急的情况下仓促写成。

载陶瓷制品或艺术品的原装箱子，通常艺术品的原包装盒也是被珍藏的对象，尤其是上面有前主人的签字。天心却没有再加任何包装，就这样裸箱寄出，这表明这些茶器可能并不是贵重物品，而箱子也未必就是原包装。箱子上盖满邮戳，见证了它经历的复杂旅程。

天心给他的这位茶道新学生写了一个纸条，他写道：

“我寄给你一整套点茶用具。请你收下留念好吗？其中一些跟了我好多年。”

那一天对于伊莎贝拉来说，一定是人生中最美妙的时刻之一。她打开那个破损不堪的木箱子，发现里面装了十九件日本茶道用具[1]。虽然并不是什么高级贵重的茶器，却是天心朴实自用的心爱之物。与西方成套的茶具不同，这套被天心称为“整套”的日本茶具都是由一个个单品组成，每一个都有自己的故事。其中，有一件绘有鸬鹚捕鱼的图案，底部有尾形乾山[2]款的茶碗，是一只经过金缮修补的残品。这一套由单品自由组合并包含残品的日本茶具套装，给伊莎贝拉上了一堂非同寻常的茶道课。

天心借这套茶具向伊莎贝拉传递内外合一的茶道理念。把相对独立的古老器物互相衬托，对比的概念巧妙组合，达到内外和谐统一。而那只经过修补的茶碗则暗示“残缺美”的概念。就像他在《茶之书》中写的：“本质上，茶道是一种对‘残缺’的崇拜，是在我们都明白不可能完美的生命中，为了成就某种可能的完美，所进行的温柔试探。”

[1] 冈仓天心在信中列出十八件，漏掉了建水，实际是十九件。

[2] 尾形乾山（1663—1743年）：日本京都人，尾形光琳的弟弟，陶艺家。其画风雅趣浓厚，常被后人模仿。

冈仓天心寄给伊莎贝拉装茶具的木盒之一，内装建水。右下角邮局盖章：收到即此状态。（Isabella Stewart Gardner Museum, Boston）

“夏季茶碗”，鸬鹚捕鱼图案，釉下彩，尾形乾山风格。19 世纪日本京都出品。直径 12.8cm。虽然从包装盒及碗底的签名看来很像尾形乾山的作品，但经鉴定，这只碗是后期尾形乾山风格的仿制品。碗在日本破损后经金缮修复。在日本，夏天是鸬鹚捕鱼的季节，所以这只碗被称作“夏季茶碗”。其实，它原本可能是一套有盖饭碗中的一只。

（Isabella Stewart Gardner Museum, Boston）

上排左起：“铜盖铸铁茶壶”和“铸铁盆”，19 世纪日本京都出口；“炭笼”，19 世纪（明治时期）。

下排左起：茶具清单中的“另一个茶碗”，取名“黑牡丹”，19 世纪（明治时期），直径 12.1cm；“漆茶罐”（茶枣），高 7.6cm；“香座”，獾造型，红色乐烧，19 世纪，日本京都出品；“香灰盆”，红色乐烧。

（Isabella Stewart Gardner Museum, Boston）

建水，稻草灰釉和铁釉，19 世纪晚期，直径 16.9cm。

（Isabella Stewart Gardner Museum，Boston）

青花水罐，放置清水。高 13.8cm。漆木盖，濑户出产，仿中国瓷器图案。

（Isabella Stewart Gardner Museum，Boston）

借着这套非同寻常的茶具，天心挑战西方的艺术审美观。当时的波士顿美术馆的陶瓷部门由摩斯教授主持，他搜集了大批日本陶瓷制品，这些物品被分门别类，密集地摆放在展柜中。这位曾启发伊莎贝拉夫妇游历东方的摩斯教授，虽然痴迷日本陶瓷，但缺乏艺术品鉴别能力，将他所拥有的物品不加鉴别地悉数展出。天心毫不客气地称这些物品是“工业展品”而非艺术品，不应该成为波士顿美术馆的展品。初到波士顿的天心质疑西方审美观，有意识地确立自己在东方艺术品鉴赏方面的权威。他在《茶之书》第五章“艺术鉴赏”中对摩斯教授这种做法批评道：“艺术品的搜集者，只知关心能否取得足够的项目，来构成整个时期或流派的收藏，却忘了真正大师的杰作，哪怕是只有一件，比起任何时期或流派的庸俗之作，不管后者数量有多大，都更能予人增益。我们在分类上做得太多，却在观赏上做得太少。”

一个月后，刚从日本回到波士顿的天心在伊莎贝拉的签到簿上写道：“飒爽秋风冷，故人意漫如珠玑，不知长别离。”那时他的脑海中构建的第三本书已经有了眉目。

1905 年波士顿美术馆年报上写道：

“11 月 2 日，理事们选举冈仓觉三先生担任本部（亚洲部）馆长……他已经接受并开始任职。”

这张肖像摄于波士顿。这一年的天心 43 岁，他穿着整齐的深色和服，和服看起来面料高贵，做工精良。他眼睛望向斜下方，头发打理得整整齐齐，像被烫过一样有浅浅的波浪，从偏分改成了中分是为了迁就那缕倔强的头发吧。已被波士顿美术馆继续聘任的他，

开始在美国站稳脚跟，但他看起来还是心事重重的。从在东京大学读书到拍这张照片的 1905 年，他提倡保护日本艺术，向西方推广东方文化和艺术，已经超过二十五个年头。

一直忽视东方文化的西方社会却因为日俄战争而开始关注日本。天心认为这未免太讽刺，他在《茶之书》中写道："当日本沉浸于优雅和平的技艺时，他们一贯视日本为蛮夷之邦；一直到日本在满洲沙场杀害了无数生灵，才改口称日本是文明国家。"

20 世纪初期的美国，对东方民族的种族歧视随处可见，美国人对东方的认识肤浅得可怜，"黄祸"言论盛行。大部分美国人分不清中国、日本、韩国和越南等亚洲国家，将它们统称为"东方国家"。

他本人就曾在纽约的大街上被人拦住，羞辱性地被问是哪种"nese"，虽然他得以立即正面还击对方，但这种事情还在继续发生，西方对东方的误解没有改变。他的演讲、讲座和著作似乎还是缺乏足够的力量去扭转西方人的思想。

在对孔子、佛教和道教一无所知的情况下，西方人如何能够欣赏东方艺术，理解东方文化呢？当西方人在拜占庭和哥特式等繁复的建筑中礼拜时，怎能理解东方建筑中"空"的含义呢？当那些波士顿的"婆罗门"在餐桌上摆上大把的艳丽花束时，怎能欣赏茶台上的那一朵孤独的小花呢？

东方文化高度复杂，精致的茶碗与武士道精神共存的日本就是一个好例子。如何让西方更愿意理解东方，如何让双方放下成见，心平气和地审视对方的优点？天心开始寻找东西方共同欣赏的元素，有哪一种东西来自东方，又被西方欣赏崇拜呢？他发现西方世

冈仓天心，1905年，波士顿。
（茨城县天心纪念五浦美术馆）

界只好奇日本的“武士道”精神，对这种“死的艺术”感兴趣，“却很少注意到深深代表‘生的艺术’的茶道。”

于是，他在波士顿后湾别墅[1]里每天进行的精致的下午茶中找到了灵感。在茶杯和茶匙轻微碰撞的悦耳叮当声中，在银色茶壶倾倒出来的琥珀色茶汤中，在社交名媛高贵矜持的微笑中，他看到了西方对东方礼仪的效仿，发现了西方对东方文化的膜拜。这种来自东方的植物让西方人如痴如醉，茶杯就是东西方的交汇点，一碗见人情。

“不过也够奇怪的，到目前为止，东西方彼此差异的人心却是在茶碗中，才真正地相知相遇。”冈仓天心在那篇发表在1905年的《国际季刊》的文章中写道，“各种属于亚洲的利益典范，只有茶得到普世的尊敬。白人对我们的宗教和伦理嗤之以鼻，却对这颜色一点也不纯白的饮料趋之若鹜。”西方人对茶的崇拜已经毋庸置疑地建立了。

虽然这古老的东方饮品在西方已经改头换面，但无论是装在维多利亚式繁复的雕花茶几上的精致骨瓷杯里，还是装在低矮简陋的茶室里的那些残旧的古老茶碗里；无论是在上百枝鲜艳花朵组成的宴会花束的簇拥下，还是在简朴茶台上的一株小花的衬托下；无论是身穿和服的天心以竹筅击打的翠绿抹茶，还是身着华丽连衣裙的伊莎贝拉亲手冲泡的香浓奶茶，茶还是茶。

茶最能说服对其爱不释手的西方人，茶的内涵与精神也最能代表东方文化。没有哪一样东西比茶更能拉近东西方文明；没有哪一

[1] 即伊莎贝尔爸爸送给她的位于灯塔街的别墅。

样东西比茶更能彰显东方精神的高尚；没有哪一样东西能像茶这样彻底融入西方社会。茶在西方就像掉进可可浆中的糖，瞬间融化，变化出复杂的甜蜜。没有糖的可可苦涩干枯，没有茶的西方人度日如年。伊莎贝拉的童年玩伴亨利·詹姆斯曾写道："人生鲜有比全心全意享受下午茶更令人惬意的时刻。"

茶的魅力首先来自其令人难忘的滋味，其层层展开，细致微妙的口感非其他饮品可及。正如《茶之书》中所说，"它不似葡萄酒那般傲慢自大；不像咖啡那样自顾自怜；更没有可可那种假天真。"茶在西方人生活中的地位不可取代。西方的文学家们早就把茶当作生活场景的一部分写进林林总总的著作中，而茶更是启发他们灵感的琼浆玉液。塞缪尔·约翰逊的"与茶为伴，与之欢度黄昏，与之慰藉良宵，与之迎接晨曦"就是最好的写照。

茶，或许就是一个最好的切入点。天心要在这小小的茶碗里掀起一场文化风暴。

自从 1904 年 3 月，到达芬威庭院的那个清冷的星期天，天心已经在美国渡过了两年的时光。这两年，他一直在准备着，要以最有力的方式向西方呈现东方文化的精髓。

现今，西方还有很多关于天心撰写《茶之书》的疑问。有说未有证据显示他曾接受正统的茶道训练，而他在波士顿的个人藏书中也没有关于茶的书籍可供他参考。其实，天心在青少年时期就学过松浦镇信[1]创建的武士道派茶道。大学毕业后师从著名茶人正阿弥学习茶道。1890 年，他聘请江户千家的老师为一群女子教授茶道，

[1] 松浦镇信（1622—1702）：镇信流的创始人。其流派是江户时代最有代表性和最有影响茶道流派，创立了武家茶道的基本礼法体系。

当中包括他的妻子。他在书中多次引用中国的《茶经》及中国经典，中国诗词典故信手拈来，其深厚的中国文化底蕴也是《茶之书》能成书的重要原因。从《茶之书》中可以看出，天心仰慕三千家创始人千利休，尤其欣赏开创“借景式庭院”的小堀远州，虽然他未在书中尽数中国和日本茶道的历史，但他茶道知识的渊博可见一斑。更何况，他身在波士顿，在许多美国人眼里，他自然而然就是最地道的茶人。“独在异乡为异客”的天心，以茶事慰藉乡愁，这恐怕也是他独具慧眼选中茶这个题材的原因之一吧。

天心丢掉了那些给波士顿美术馆志愿者演讲的稿子，所幸他的一个助手把这些稿子保留了下来，并把它们交给了约翰·拉·法基。原本就钦佩这位日本艺术家的拉·法基鼓励他把这些稿件整理出书。

1906 年的春天，还是那样清冷，纽约的福克斯·杜菲德公司（Fox,Duffield & Company）出版了《茶之书》。

1906 年 3 月 21 日，在拉·法基写给伊莎贝拉的信中提到了《茶之书》。他写道：“出版社给了我茶书的部分稿件，我正在看。我要为这本书写序。冈仓说这是他的荣幸，我觉得这是我的荣幸。”

虽然，后来拉·法基的序未能出现在《茶之书》上，但这本书的扉页上题着：献给拉·法基。

《茶之书》刚刚出版，马上就有《罗盘》（The Dial），《独立》（The Independent）和《阿西娜》（The Athenaeum）三本期刊发出书评。《罗盘》详尽地讨论了书的整体内容。书评作者是日本印刷品收藏家福瑞德里克·国金（Frederick Gookin）。他觉得书的名字容易误导读者，因为书名让人联想到这是一本介绍茶

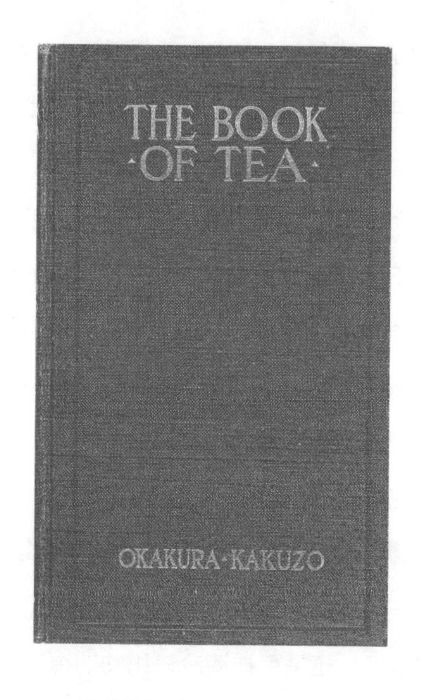

《茶之书》第一版。
（茨城县天心纪念五浦美术馆）

文化、各种茶品和冲泡技术的书。他建议把书名改成“茶道”或者“美学宗教”，这样就能够吸引艺术爱好者。国金也是拉·法基的朋友，对于天心反对现代物质主义的观点颇有共鸣。

那时候的美国，有四成茶来自日本，所以很有可能读者期待在书中找到茶的冲泡技术，或者至少关于茶的种类的论述。然而，打开书的读者却被书中的茶道精神和对东方艺术的论述深深吸引着。

直到今天，许多读者喜欢这本书，并不是因为他们是茶叶爱好者，而是因为他们对宗教、艺术、美学和哲学感兴趣。

在多元文化共存的现今社会，国家或民族之间的矛盾依然尖锐。一百多年前的天心就把东西方比做两尾在翻腾怒海上搏斗的龙，拼命争夺却徒劳无功。在他看来，这个被双龙撕裂的世界要想复原只能寄希望于神话中的女娲，他在《茶之书》中写道，“等待再有一位神仙下凡”，这不过是绝望中的一个托词罢了。然而，他笔锋一转，向读者招呼道：“让我们轻啜一口茶吧！”他继而写道，“午后的阳光照亮竹林，山泉的欢欣跃于水面，沙沙作响的是松树，还是壶中的沸水呢？”人生苦短，漫无目的地空想一番又如何？

这番话循循善诱，引导读者退一步海阔天空，走出对立，步入光明，共饮一杯茶，皆因东西方文化早已在茶杯中和平相遇。

如今天心已离世一百多年，群龙争霸却从未停止过。为了争夺霸权和利益，矛盾层出不穷。当我们面对文明的冲突、社会的撕裂而束手无策时，再重温天心的思想，最为合适不过。

一九一一年

四十九岁 孤云与白狐

亲爱的，
你孤独吗？
孤独比你我更有价值。

——冈仓天心

＊＊＊

1910 年 5 月，天心被任命为波士顿美术馆中国和日本馆馆长。10 月，他第四次在波士顿美术馆的工作。从 1904 年到 1913 年，他往返日本和美国六次，中间还去了欧洲、西伯利亚和中国。频繁的长途旅行给他的身体带来了压力，身体状况每况愈下。他后来在给黛薇的信中承认“我在世界各地吃得太杂，给我的肠胃和肾脏造成了负担”。当时他的目标是使波士顿美术馆的亚洲馆成为世界上规模最大、藏品最丰富、质量最高的亚洲文化博物馆，这是他向世界推广亚洲文化的舞台。美术馆和他那些富有的波士顿朋友们给予了他慷慨的资助，让他自由地在世界各地旅行，为美术馆搜集欠缺的藏品，最大限度地丰富了波士顿美术馆亚洲馆的馆藏。

伊莎贝拉是少数几个真正关心天心生活质量的美国朋友。1904 年当法国卢浮宫总监未能在“圣路易斯国际交易博览会”的开幕式上按计划献词时，作为博览会主席的拉·法基推荐了天心代替其献词。演讲之后，拉·法基写信给伊莎贝拉，告诉她整个演讲顺利进行，特别强调天心“得到了 500 美元的报酬，这是我最关心的”。

天心以诗歌作为礼物来回报伊莎贝拉的关心和爱护。他善于作诗，中英日文皆能，他的诗氛围清雅，富有灵性。对于生活优渥，什么也不缺的伊莎贝拉来说，这是令她欢喜着迷的礼物。1905 年秋天，天心在芬威庭院小住时作的那首《暗愁》为伊莎贝拉勾勒了一幅与众不同的肖像。

暗愁[1]

你，

独自洁白。

影在光中徊，

光在影中烁，

月，

皓皎兀自。

星辰融化，

夜更晶莹。

花朵深藏，

暗香浮动。

回声飘荡，

暗夜半应。

玉阶之上，

影子滑过。

是月光？

还是你？

——作于孤影下的寓所

[1] Okakura Kakuzo, *Collective English Writings III*, Tokyo: Heibonsha Limited, 1984, p.10-11.

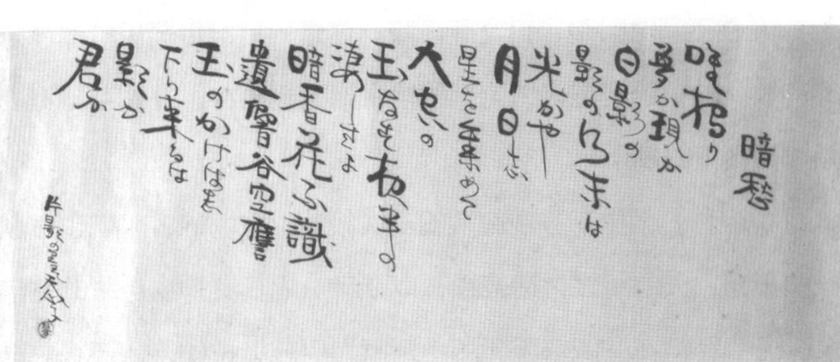

《暗愁》英文及日文版，由冈仓天心亲笔手写，1905年作。

（Isabella Stewart Gardner Museum，Boston）

Night Thoughts

The One,
Alone and white.
Shadows but wander
In the lights that were;
Lights but linger
In the shadows to be.
The moon,
White and alone.
The stars have dissolved
To make a crystal night.
Fragrance floats
Unseen by flowers;
Echoes waft
Half-answered by darkness.
A shadow glides
On the stairway of jade.
Is it a moonbeam?
Is it the One?

At the abode of Solitary Shadow. Tenshin

天心还同时附赠了日文翻译版。这是一首被伊莎贝拉津津乐道的诗歌。她在给经纪人博伦森的信中附上这首诗，并称芬威庭院就是“孤影下的寓所”。

《暗愁》创作于芬威庭院的一次派对，在场的客人们也贡献了一些灵感，天心将之付诸笔端，成就了一幅具有神秘色彩的文字肖像。天心经常在芬威庭院和翠山别墅为伊莎贝拉作诗，还一并送上中日文版本。芬威庭院是个名流云集、充满活力的艺术之家，在他眼中伊莎贝拉就是这里的女王，但他捕捉到伊莎贝拉生命中的一丝孤独。他发现了派对女王面具下隐隐的暗愁，这引起了天心的共鸣。他们的友谊日益增长，关系越来越亲密。

不在波士顿的日子，天心和伊莎贝拉经常通信。伊莎贝拉是幸运的，在那个信息流通缓慢的年代，每一封信件都是特殊的礼物。这些信件越过千山万水，历尽沧桑，收到时信封可能已经残破不堪，还沾着尘渍。当伊莎贝拉坐在铺着洁白的蕾丝桌布前，用闪亮的银信刀小心翼翼地裁开已经变得脆弱不堪，或许还带着污渍的信封时，她的心是明亮的，她听见芬威庭院的小鸟在鸣叫，闻到院子里飘着的花香。这些幽默风趣、富有诗意，字里行间尽是柔情的信件带给伊莎贝拉无数个欢欣时刻，让已经步入老年的她心中一次次泛起涟漪。

1906 年，天心在中国旅行时写信给伊莎贝拉，他写道：“这些山丘的红岩石是自然的奇迹，给人的心灵带来慰藉。我可以亲手将之奉献给你吗？”

当他在波士顿的时候，他们通常是在一起的。天心乐意在伊莎贝拉的蓝色访客签到簿上发挥创意。他经常在留言栏里用双语写诗，他的诗歌深情浪漫，季节色彩浓厚，善于捕捉四季变化之美。一首夏天的诗歌写道：

明年的白雪，

会不会记得，

夏天我踏在青草上的脚印？[1]

伊莎贝拉喜欢天心和他的日本伙伴叫她的翠山别墅“Aoyama”[2]。在翠山别墅的签到簿上，天心写道：

青山一路古苔香，

红树残鸦呼夕阳。

1911年4月14日是伊莎贝拉71岁的生日。就是在今天看来，70岁已经是人的暮年，但是伊莎贝拉的心一点也不老。她72岁时还在波士顿交响音乐会上惊世骇俗地头缠印有红色字体的白色发带，热烈地支持“红袜队”，被媒体评论为“差点儿造成恐慌”。这位头发斑白的女人，身材依旧苗条，心里还装着那个被威尼斯打动的17岁的贝莉。生日会上，她收到了一份来自天心的特别礼物，诗歌《道人》。

[1] Okakura Kakuzo, *Collective English Writings III*, Tokyo: Heibonsha Limited, 1984, p.27.

[2] Aoyama：日文“青山”。

The Taoist

She stood alone on Earth, — an exile from Heaven. Of all the Immortals she was the flower.

Time receded in reverence at her approach, space bowed the way to her triumph. The wind brought to her its untrammelled grace, the air lent to her voice the balm of its own summer. Blue lightening swept in her

glances, clouds unfurled in the train of her queenly tread.

Infinity asked of Wonder: "Below and above in thy wanderings amongst the stars, hast thou heard the name of this fearless Spirit, who laughs with the thunder and plays with the storm, whom fire burneth not because she is fire itself, whom water quelleth not for she is the Ocean herself?"

Quoth Wonder: I know not.

2

《道人》英文版，冈仓天心手写，1911.4.14。
(Isabella Stewart Gardner Museum, Boston)

道人[1]

她被天堂流放，

独立于人世间，

她是众神之花神。

时间在她前进时恭敬退去，

空间为她的胜利鞠躬让位。

[1] Okakura Kakuzo, *Collective English Writings III*, Tokyo: Heibonsha Limited, 1984, p.13.

微风带给她无可比拟的优雅，
空气借给她润如夏露的声音。

她目光如炬所到之处电光闪烁，
她踏着女王的脚步走来，云消雾散。

他称伊莎贝拉是永生的道士，刻画了一个“苏世独立，横而不流”的形象。一年以后天心还送了她一件道袍。

两个月之后的6月28日，美国一份报纸上刊登一张4寸 × 6寸的黑白照片，右上角以粗体写着“颁发学位”。照片下面写着：“波士顿美术馆冈仓觉三即将被授予文学硕士学位。旁边是乔治·凯斯（George Chase）教授。”这是哈佛大学的毕业典礼，大学向这位被报纸评价为“一位日本本土天才，无价传家宝”的天心颁发文学硕

Okakura Kakuso, unrivaled adept in the mystery of Oriental art, hospitable to what western lands can give, but determined to maintain as a priceless heirloom the native genius of Japan.

GIVEN DEGREE

OKAKURA KAKUSO
Of the Boston Museum of Fine Arts, Marching to Receive His Degree of AM. Beside Him is Prof George Chase.

1911年6月28日，冈仓天心参加哈佛大学毕业典礼，获得文学硕士学位。（茨城县天心纪念五浦美术馆）

士学位，并计划与他合作开设“日本研究”课程，聘任他为客座教授。

天心那天在给伊莎贝拉的短笺上写道：“也许，我要感谢你所有做过的事和所有说过的话——我今天去了毕业典礼，期待明天和你共进晚餐。”

与伊莎贝拉的忘年之交给天心离乡背井的日子增添了许多温情。他们的关系复杂。一方面，年长的伊莎贝拉是一个慈爱的母亲角色，关心他、帮助他，对他宠爱有加。而天心则尽显其小男孩般顽皮的一面。另一方面，天心又是伊莎贝拉的灵魂导师，在知识与灵性方面指导她，使她变得更好。天心去世后，伊莎贝拉曾承认是天心改变了她，如果不是天心，她可能会“带着铁石心肠走进坟墓”。天心是如何改变伊莎贝拉的，他们之间的交谈细节我们无从得知，但他们的书信淋漓尽致地诠释了他们复杂关系的各个层面。

天心曾在 1906 年返日期间写信给伊莎贝拉，他用恶作剧的口吻写道：“请代我问候普利乍得和波特，叫他们趁我不在搞搞破坏。”

伊莎贝拉曾送给天心一只白色的安哥拉猫。天心为它取名“孤云”，大概他自认为是一朵漂泊无定的孤独云朵吧。天心以孤云的语气给伊莎贝拉写信，他写道：

“我们就像天空的云朵，兴高采烈地卷曲、伸展、再旋转。我们酣然入梦，睡得香甜。唯一的伤感是用尾巴熄灭蜡烛时烧焦了几根毛发。”

天心一直养着孤云，直到他离开波士顿时，把它托付给伊莎贝拉的朋友，艺术家岛智·麦克奈特[1]。

[1] 岛智·麦克奈特（Dodge Macknight，1860—1950）：美国画家，擅长水彩画，是凡·高的朋友，加德纳夫人的朋友。伊莎贝拉·斯图尔德·加德纳博物馆收藏了他的大量作品。

那些写给伊莎贝拉的幽默风趣、温情脉脉的信件中，有时隐隐地透露着一丝忧伤，那也许是独在异乡为异客的伤感，或许更是灵魂深处挥之不去的孤独感。1906 年他在离开西雅图返回日本之前写信给伊莎贝拉告别：

“邈如旷世。你变了吗？恐怕你让我对波士顿产生了思乡之情——我莫名其妙地孤单——我似乎要回到不属于我的地方。暂时小别。我很快就会回来。”

1911 年 10 月的一封给伊莎贝拉的信中附了一封给孤云的信。这是一封典型的天心式书信，深情款款，富有哲理，幽默风趣。他时而顽皮轻松，时而睿智犀利。

前面写给伊莎贝拉的信很短，请伊莎贝拉“把附上的便条交给它（孤云）”。他并没有称呼它的名字，而是以古语“Kochan”[1]称呼。他或许是想通过写给小猫的信来表达自己对伊莎贝拉的思念，抑或想表达他不得不把孤云转交朋友饲养的内疚心情。他温柔又睿智地写道：

“当你离开后，我深感失落——我的胸膛怀念你夜晚温柔的踩踏，桌子因为少了你徘徊的身影突然变得大而无当。……你谋杀了世界上所有的猫，因为只有你才是我最亲爱的。

“你捉到你的第一只老鼠了吗？好吃吗？可能你喜欢追逐松鼠，追求高不可攀的东西总是给人带来巨大的快感。你和我都知道，赞叹平凡是幸福的秘诀，因为美丽总会消亡。”[2]

[1] Kochan：古索布语，意思是“亲爱的”或“挚爱”。

[2] Okakura Kakuzo, *Collective English Writings III*, Tokyo: Heibonsha Limited, 1984, p.139-140.

Tokyo
Oct. 4th 1911

Dear Kotchan

Ages have passed. — are you changed any? Swans sailing acrossed the ocean have brought tidings of your wherabouts and I am glad that Fate has dealt kindly with you.

When you left I have felt the loss deeply. My breast has missed your nightly tread, the table was suddenly large without your prowling presence. Even now I write with your picture before me. You have killed all the cats in the world for you are alone, — the only one dear to me.

Have you caught your first mice yet? Did he taste nice? Perhaps you enjoy chasing squirrels, there is a great pleasure in the quest of the unattainable. You and I know that wonder is the secret of bliss and that with reason comes the death of the beautiful.

I hope that you have not made the acquaintance of the feline feminine. — treacherous things who pretend to understand you and has only claws to match their eyes. Be cautious of forming friendship with tomcats — even of the best sort. They can teach only what they acquired through pain, you must learn all through the gate of gladness. Be courageous, for bravery is the key into life. Never be ashamed of yourself. Think of your high lineage and under whose Protection you were brought to me —

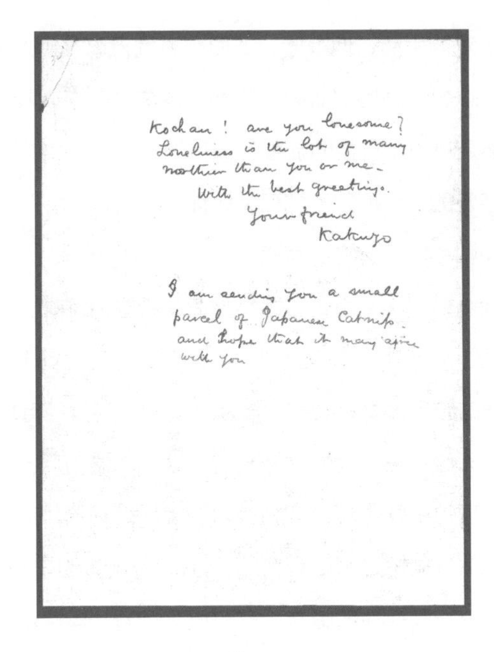

Kochan! are you lonesome?
Loneliness is the lot of many
worthier than you or me.
With the best greetings.
Your friend
Kakuzo

I am sending you a small
parcel of Japanese Catnip
and hope that it may agree
with you

冈仓天心于 1911 年 10 月 4 日 写给孤云的信。
(Isabella Stewart Gardner Museum, Boston)

他在这里的哲学暗示与《茶之书》中“我们在分类上做得太多，却在观赏上做得太少”异曲同工。

他更提出关于女性的忠告，风趣并富有哲理。

“我希望你还没有结识狡猾的母猫 ——奸诈的东西。她们假装理解你，但是与她们美丽的眼睛配套的一定是锋利的爪子。”

他还告诫孤云“和公猫交朋友要小心，即便是最好的那些。他们只能教你一些他们从痛苦中学来的东西。而你必须通过快乐的法门来学习。”

关于对待生活，他写道："要有勇气，勇敢是人生的关键。不要自卑。想想你高贵的血统，是在谁的庇护下来到我身边。"后面这句显然是对伊莎贝拉的恭维。最后他慨叹：

"亲爱的，你孤独吗？孤独比你我更有价值。"

他还贴心地在备注上写道：

"我给你寄了一小包日本猫薄荷，希望你喜欢。"

长期漂泊海外，天心寂寞的灵魂在伊莎贝拉身上找到了寄托。这位年长的波士顿女富豪在上流社会的社交圈身经百战、见多识广，她给予了天心信任、同情和慷慨的帮助。年逾古稀，独居在芬威庭院的伊莎贝拉也同样难以摆脱孤独的缠绕。她的传记中提到，虽然她给外界的形象总是开心积极的，她的谈话幽默风趣充满智慧，但是"可能有一股孤独的暗流，有时更夹杂着一丝忧伤，可能冈仓先生比别人对此有更深刻的理解。"[1]

每当天心返回日本，她都有失落的感觉。1908 年，她在给博伦森的信中坦白道："冈仓走了，这让我每天都伤感。"1911 年，在预知天心要离开后，她写道："冈仓 8 月要返回日本，真令人伤心。"继而又道："冈仓明天回日本，我开始情绪低落。"

伊莎贝拉喜欢天心那些施了魔法般的温情文字，更感激他教会她聆听、观察四季变化的美，并以全新的视角欣赏周遭平凡的事物。

后来，当老朋友泰戈尔访美离开后，天心也感觉到"突如其来的失落"。这个幼年丧母的"觉醒的男孩"一生都在追寻母爱的慰藉，他外表刚强不屈，内心却脆弱敏感。

[1] Bruce Richardson: *The Book of Tea—Introduction by Bruce Richardson*, Perryville: Benjamin Press, 2011, p.34.

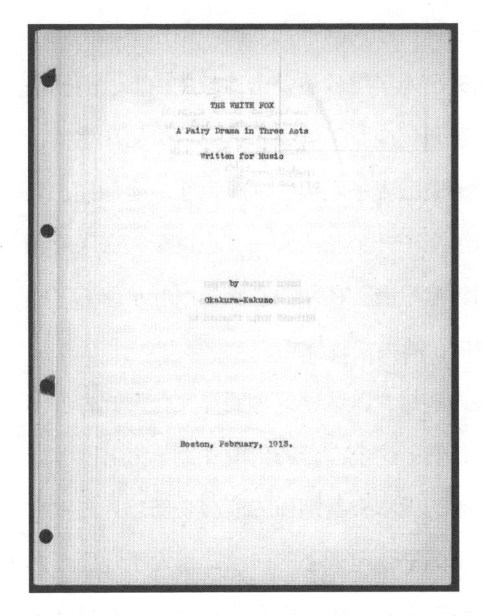

THE WHITE FOX

A Fairy Drama in Three Acts

Written for Music

by

Okakura-Kakuzo

Boston, February, 1913.

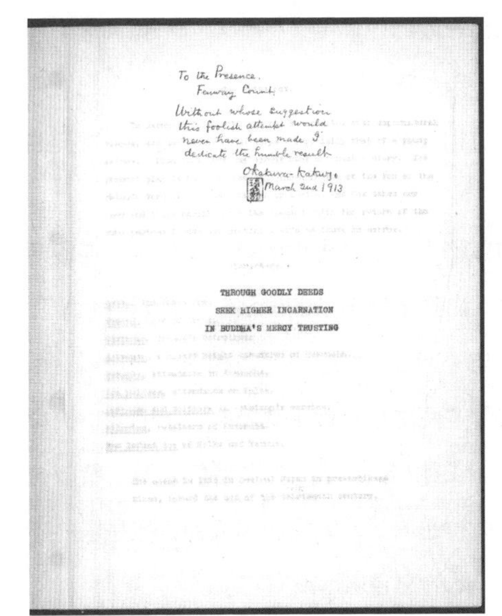

To the Presence,
Fenway Court,
Without whose suggestion
this foolish attempt would
never have been made I
dedicate the humble result
Okakura-Kakuzo.
March 2nd 1913

THROUGH GOODLY DEEDS
SEEK HIGHER INCARNATION
IN BUDDHA'S MERCY TRUSTING

冈仓天心献给伊莎贝拉的《白狐》稿子。

上图：《白狐》稿件第一页。

下图：稿件第二页。

上方题字：

赠芬威庭院的主人：

没有您的建议，就没有此愚作，我谨向您献上此卑微之作。

冈仓觉三

1913.3.2

日期左边盖有“冈仓觉三”印章

下方印刷字体内容为：

通过施乐行善

寻求更好的来生

菩萨保佑

（Isabella Stewart Gardner Museum, Boston）

在波士顿的日子，天心以日本民间神话为蓝本创作了歌剧剧本《白狐》。这是讲述一名男子为了搭救被骑士追赶的白狐，遭到烧屋掠妻的报复。白狐出于感激变成女子照顾恩人。二人日久生情，生下一个儿子。后来男子的原配妻子回来，白狐为了成全他们，哀伤地离去。走前，白狐留给儿子一个魔法宝石，在逐渐失去人形和魔法时，她用嘴艰难地叼起笔写道：在你的心底，Kolha 留下了她的心。随后，白狐跳出窗户，消失在森林中。

天心以日本民间传说为题材，以歌剧这种西洋文化形式表现出来，表达了母爱和别离的悲伤。这个古老的传说几百年来被改编成各种题材的作品，然而天心的版本有着别样的浪漫与伤感。古本中的白狐因兽身暴露而不得不离开，但天心的白狐却是为了爱而选择离开。天心以此来赞美女性像观音菩萨一样慈悲，能够为爱牺牲自己。他赋予白狐一个印度名字，可能是因为他心中的菩萨来自印度，也许他是以此来暗示他的另一段印巴情缘。他借着“白狐”这个神圣而慈悲的女性角色，以母亲与孩子不可分割的情感纽带来纪念死去的母亲，来感谢伊莎贝拉和众多美国女性朋友的关爱，来寄托他人生中最后一段爱情。

从社会角度来看，白狐和人类结合出世的孩子又预示着连接两个互不相容的世界的奇迹。白狐留给孩子的魔法宝石预示着两个世界和谐的未来。这颗宝石与《茶之书》中双龙竞相获取的宝石遥相呼应。它是“东方与西方”“两尾被弃置于翻腾怒海上的龙，拼命想夺回属于生命的珍宝”。1913 年 2 月，剧本完稿，天心希望这出戏能够登上舞台，伊莎贝拉邀请音乐家为剧本谱曲，但是乐曲还未谱成，天心就驾鹤西去，他的愿望永远没有实现。

一九一二年

五十岁　爱的书简

我希望自己终于找到那棵树了。
那不是吗？
在晨雾中半遮半掩，
端坐在喜马拉雅无瑕的白雪中，
预言永恒的春天。
如果我不准许摘一片花瓣，
那我可否在远方沉浸于馥郁之中？

——冈仓天心，《爱的书简》

＊＊＊

“你知不知道奥斯卡·王尔德的《自深深处》？是他在监狱的最后的几个月里写的。每一行字都散发着与生俱来的美感，表达的方式独特迷人，你知道这本书，是吧？如果你没有的话，我寄给你一本。”[1]

加尔各答1913年的夏天闷热异常，雨季早到，一连几天连绵不断地下着雨，女诗人黛薇伏案写道：

“天空晴朗起来，迎来了一缕温和的阳光。我打开这间小屋的所有窗户，柔和的微风吹进来，窗前的草地绿意盎然。原本满是白色花朵的花园，现在挤满了淡粉色的小百合和金色的向日葵。一切都是那么安静、平和、美好……”

黛薇是泰戈尔的远亲，她的母亲是19世纪80年代出名的诗人，她舅舅也是孟加拉国出名的作家。黛薇曾出版了四本诗集，她才华出众，文风秀丽，堪称印加的伊丽莎白·勃朗宁。与勃朗宁不同的是，她的家庭生活很不幸，早年就丧父丧子，这造就了她忧郁敏感的气质。

“我想把迷人的东西和你分享，别忘了告诉我你看过没有。”1913年8月5日的那个炎热的夏日，黛薇在信的结尾与远方的情人告别：“英文的再见是那么优美，就是‘上帝与你同在’

[1] 本书中所有冈仓天心与黛薇书信的引文均引自本书《爱的书简》章节。

的意思[1]。我就这样祝福你，愿你开心、快乐。”

1913 年 9 月 2 日，在这封信到达日本的前四天，天心离世，他未能读到这封信，也无法告诉黛薇他是否读过王尔德的《自深深处》。但是他们跨越大西洋的几十封情书毫不逊色于王尔德在狱中写给波西的信。诚然，王尔德对情人波西是爱恨交加的，他情真意切地说：

“当 6 月的玫瑰开得如痴如狂时，……在国外找个安静的小城同你见面，……我希望，一切是非曲直过后，此次会面会像你我见面应该有的那个样子。……横在我们之间有一道更深的鸿沟，那是悲怆的鸿沟。但是，只要心怀谦卑，就万事可成，只要心里有爱，也就天下无难事了。”[2]

黛薇则是爱怨交加，1913 年的 7 月，她在一个月里连着写了四封信，扳着手指头数日子，望穿秋水地期待他的来信。

“这星期没收到你的来信。日本的邮件每十天来一次……十天已经过去了，这个星期恐怕收不到信了。谁知道下周会不会运气好些呢？”

她不止一次地抱怨天心不会主动写信给她，只写回信。“你不收到信是不会给我写信的。我 5 月 29 日寄出的信要 6 月的第三个星期才会寄到。所以一直到漫长的这个月底，我都不用期待和你有任何沟通了。”

信息发达的 21 世纪，如果对方没有在几分钟，甚至几秒钟之

[1] 英文的“再见”是 Goodbye ，是 God be with you 的缩写，即“上帝与你同在”之意。

[2] [爱尔兰]奥斯卡·王尔德：《自深深处》，朱纯深译，译林出版社，2008 年，第 144-145 页。

内及时回复信息都会令人心生揣测。而一百年前，跨越大洋的信件要一个月才能到达，依靠通信维持感情的黛薇和天心曾经历了怎样的痛苦挣扎呢？

王尔德计划在玫瑰花开得如痴如狂的6月，选一个安静的小镇与波西重聚，那是让黛薇羡慕的。加尔各答迷人的夜晚，人们都已经入睡，四周静悄悄的，天空洒下柔和的月光，无数的星星像许许多多的船灯跳动闪烁着。她独自坐在打开的窗子前，幻想在浩瀚无垠的宇宙开启永恒的星际航程。闭上眼睛，让黑暗笼罩，“时间和空间的意识慢慢地消失，摆脱肉体的局限，我化作思维和灵魂，”她写道，“我的最爱就近在眼前，没有分离，没有告别。”

远在五浦海岸的天心曾在梦中与情人相见。他梦见她化身为金翅大鹏，拯救跌下深渊的自己。他死前唯一的愿望是把她的诗歌放在胸前，希望能在一个白雾笼罩的夜晚，“听到她踏着甜美月光而来的脚步声”。

王尔德在《自深深处》中写道：“任何一个世界的任何一座囚牢，爱都能破门而入。”1912年的那个秋天，对天心和黛薇来说爱是怎样破门而入的呢？

邂　逅

天心与黛薇于1912年9月16日在一次晚宴邂逅，稍后在泰戈尔的侄子苏瑞德拉南特·泰戈尔的船上天心再次遇到客串女主人的黛薇。她成熟貌美，优雅谦和，一双深邃迷离的大眼睛深深地打动了天心。他写道：“你是那样优雅谦和，非常与众不同……你那双可爱的眼睛有什么神秘的力量？你让人神魂颠倒，但我完全不敢表白……你难道不知道我早已力不能支，情愿为你画地为牢？”

爱慕是双方的。当时已经出版了三部英文著作的天心赫赫有名，言谈沉稳自信，举止高雅迷人，然而黛薇一眼看出了他的孤独和忧伤，她写道：“那天下午，为什么你沉默寡言？迷茫地坐在那儿，手里拿着空杯碟不知所措……”

1912 年 10 月 12 日，离开孟买前往欧洲的天心在船上给黛薇写了第一封信。三天后又写了第二封。他说：“当我离开您所在的海岸，渐行渐远时，心头涌起一丝奇怪的忧伤，真想再一次回到您心爱的孟加拉国。”他还附上一首名为《玉树》的中文诗，以及英文翻译。

玉树

雪山万重锁仙乡，

玉树花开隔渺茫。

白石青苔明月上，

几生修得掬灵香。

英文翻译大致如下：

玉树

穿过险峻断崖，

端坐在喜马拉雅女神冰封的胸膛，

一棵玉树，洁白而神圣，

几生几世，花落花开，

景致如此迷人，

我定要坐在布满青苔冰冷的月华石上，

直到我的灵魂净化。

可以啜一口圣花上芬芳的露水吗？

天心把她比喻成雪山上盛开着白花的玉树，神圣纯洁，只可远观，以此来形容这份迟来的感情是“无法消解的渴望”，是“无法全然得到之美”。

同年12月，波士顿白雪皑皑，寒冷萧瑟，黛薇的信给沉闷荒凉的北美隆冬带来了明亮和温暖。天心坐在波士顿寓所的窗前，大雪纷飞，一只麻雀低鸣着飞过窗前，恍惚中，他好像看见了孟加拉国的热带丛林，树叶闪亮，白头翁歌唱。他回信写道：“我梦想飞去您那片醉人的土地，沉浸在金黄的暮色中。与您流连于古战场的城堡废墟……”继而他问道：“您还会来信吗？很快了吗？”虽然，分别还不到两个月，但对他来说时间太长了，他问：“光阴荏苒，告诉我，你变了吗？”

黛薇回答说：“我很怀疑人能改变，但是现在我肯定变了，这改变归功于你。”她没有确切地说是怎样的改变。经受了丈夫过世，儿子夭折，早已对男女之情不抱任何幻想的她像“柔软的花瓣封藏在水晶盒中”。然而，面对天心的倾慕，她的心渐渐复活，她说：“哪个女人能够拒绝这样的请求呢？”她要敞开封闭的心扉，迎接一段新感情，这恐怕就是她的变化吧。

50岁的天心经历过很多次感情，其中与波津子的婚外恋导致自己身败名裂，被迫辞职，而波津子最后精神失常，不得不被送进精神病院。他敢爱敢恨，随心所欲，就如同王尔德，既畅饮了蜜汁又品到了苦水，在甜中尝到了苦，又在苦中尝到了甜。但是，他与孟加拉国女诗人黛薇的这一段感情已经上升到另一种意义上的交流。他在信中写道："我们之间远隔重洋，您一个月前的来信昨天才到，已事过境迁。我给您写回信时，您的思绪可能早就随大海奔流远去了。这种距离的通信，非志在交换问题与答案，而是另一种意义上的交流……"这种交流是两情相悦，心灵的合一。天心在晚年终于找到了灵魂伴侣，展开了跨越大洋的柏拉图之爱。他含情脉脉，把远方的情人比作"玉树"，轻声问到"您没发现它正在您的花园中盛开吗？伊人如花，不是吗？"每每收到对方厚厚的信封他都欣喜若狂，甘之如饴。在他寂寞的旅美生涯中，女诗人信中的每一个字都是甘露。"感恩它如一缕午后的阳光照进我颠沛流离的生命中，"他写道，"让我陶醉其中，一醉方休。"

孤　儿

天心的最后十年是辉煌的，他的事业在波士顿达到了巅峰。他不但是闻名世界的东方作家，还是日本美术批评家和卓越的艺术鉴定家，是美国艺术圈沙龙派对的座上客。他举止优雅，风度翩翩，身穿庄重的和服，满口纯正的英文，精通茶道艺术，在众多艺术家中特立独行，大受欢迎。然而，他在外界看来似乎如鱼得水，事业如日中天，内心深处却是孤独寂寞的。别人眼中的他，跻身于上流社会，社交生活多姿多彩，他却说："我的日子平淡无奇，大部分时间都在研究千百年前的文物……”

在上流社会中叱咤风云的天心并不享受这种声色犬马的生活。他反而更喜欢待在安宁静谧的公寓中，吃日本同伴做的家乡饭菜，闲来无事，看看书，做做梦和写写诗。对于社交生活，他如此写道：

“我几乎没有朋友。虽然这里的人都很友善，对我也很殷勤，我还是很少出门。即便我下定决心去参加他们的晚餐派对，最终也会无聊而忧伤地返家。他们不过是期待你娱乐他们。我是谁？一个供人调笑的可怜鬼？”

每一件赏心悦目的东西背后总有一段悲哀的隐情，每一个伟大的灵魂深处都有一颗寂寞悲伤的心。这位身着日本传统和服，手持东方竹扇的日本艺术家，在西装革履的名流中游刃有余，他不但英文地道，还精通英美文学，时而旁征博引诙谐风趣，时而端庄严肃一展茶道风范。谁能想到，外表的强大姿态不过是一种防御手段，他的内心深处其实被难以言表的悲伤压得透不过气。天心在写给黛薇的信中卸下盔甲，剖析自己。他写道：

“我的悲伤就像供我消遣的宠物，孤独是我秘密狂欢的避难所。我的过去是在模糊的理想和无谓的渴望中挣扎，我已精疲力竭、疲惫不堪，常常渴望永久安眠。我渴望能够爬进我的壳里，唱悲伤的自嘲之歌。”

文风犀利的天心，在他的书中对西方世界展开猛烈的抨击。而对于亚洲的未来抉择，他号召东方世界收起仁慈，从沉默中醒来，挥剑回击西方的侵略。这位挥剑怒吼的战士在他倾慕的女性面前，抛刀弃剑，坦露脆弱的心扉。他坦白道：

“我的那些祝福者只看到我的坚强，却不知道我是一个背负着生活压力和艰难的弱者。他们不知道，我戴着勇敢无畏、自强自立的假面具来面对世界，面具下面却是一个胆小怯懦，为每一个骚动而颤抖的东西。”

自幼丧母，天心一直渴望爱与庇护，面对温柔貌美的女诗人，他像一个迷路的孤儿，渴望被引领接纳。他祈求道：“你就当我是你海滩上被遗弃的浮瓶，或是躲在轻云迷雾后的弃儿而接受我，好吗？”

“我多么向往把头埋在温柔神圣的臂弯里，哭泣、哭泣、再哭泣。我想被宠爱、被拥抱，也想淘气一下。你呀！你寻到了可怜下贱的我，你不厌烦吗？我自惭形秽。”

天心终于找到了灵魂的寄托，浪迹天涯的孤儿终于在回家的路上寻到心灵的依靠，流着泪，被爱拥抱。

玉　树

天心遇到黛薇，就像白雪皑皑的山峰上的一块孤独的岩石，终于发现朝思暮想的玉树就临风伫立在对面的山峰，虽然不能接触，但此生能够相遇，彼此遥望已是万幸。

天心温柔浪漫，在信中的他对黛薇百般呵护，宠爱有加。他时而叫她“宝石之声”，时而称其“黎明芬芳”，她是他的“水中月”“莲花之宝”，也是他的“月亮精灵”，如果词穷兴未尽便干脆叫她“亲爱的千万个名字之一”。

唐朝李煜有一首《后庭花破子》道：

玉树后庭前，

瑶草妆镜边。

去年花不老，

今年月又圆。

莫教偏，和花和月，

大家长少年。

玉树是传说中的仙树，能永生不死。天心在给黛薇的第二封信里，便献上了一首《玉树》。最后一句“几生修得掬灵香”写出了他内心对爱的渴望。之后的信中，他屡次称黛薇的来信是“漂洋过海的玉树花瓣”。可惜黛薇的回信已经遗失，我们只能猜测她在回信中谦说自己并非玉树，于是他说玉树就在黛薇的花园里盛开，而“伊人如花”，黛薇就是盛开着洁白花朵的玉树。在后来的信中他更是写道：

“请千万别说你不是玉树。我希望自己终于找到那棵树了。那不是吗？在晨雾中半遮半掩，端坐在喜马拉雅无瑕的白雪中，预言永恒的春天。如果我被不准许摘一片花瓣，那我可否在远方沉浸于馥郁之中？别说你不是玉树。”

天心爱她的美貌，曾向她索要照片。当他收到照片时，赞叹不已，称赞“真是姿容圣洁”“让人心醉神迷”。不久，他又收到女诗人小屋的照片。他兴致盎然地写道：

“看到你房子的照片，我开心了好几个小时。我可以想象在那里发生的诸多事情。那头淘气的母鹿怎么样了？给我讲讲你的一天是怎么过的？你是棒厨师、面条师傅，还是体魄强健的管家？你是

普里扬芭达·黛薇，这是本书作者仅能找到的她的一张照片，可能就是她寄给冈仓天心的那一张。她认识冈仓天心的那年 41 岁。照片上的她看起来很年轻，面容清丽，目光忧伤。（茨城县天心纪念五浦美术馆）

不是偶尔也很淘气？”

黛薇的回信细腻入微，描述她一天的生活，她养了一头叫作伊娜的母鹿，细心照顾，亲手给它喂食，帮它洗澡。她写道：“有些日子我用刷子清洁她的身体。她很感恩，用她的脸摩擦我，寻求爱抚。”

天心看后，直言“我嫉妒伊娜”。在收到黛薇亲手制作的钱包时，他毫不吝啬地赞美她，“你完美得让我恐惧。告诉我你有什么不会的吗？”

他更倾慕她的文学才能，曾经邀请她为闻名遐迩的《茶之书》撰文。其娇宠的语句至今读起来还让那些热爱《茶之书》的忠诚粉丝心生嫉妒。他写道：

“如果您能不厌其烦地为拙作《茶之书》写几个字的话就太好了。不必认真，不值得。随您的意，尽管削砍、鞭挞和谋杀每一个字。我敢肯定，您优美的文辞定会令它重获新生。”

《茶之书》中的每一个字都任她随意“削砍、鞭挞和谋杀”，这是何等的殊荣呢？

当他觉察到黛薇信中的不安和忧郁时，着急地写道：

“你是不是真的病了？是我给你的生活带来太多的伤痛，所以你想干脆消失吗？原谅我、忘记我、责备我，无论怎样，只要能让你平静和安心，我都心甘情愿。一想到你为我而遭受不必要的痛苦，我就难以忍受。”

这样深情的语句，任何人都无法抗拒，女诗人也情不自禁地沦陷其中。她在《沦陷》一诗中写道：

"……

但是你迟疑的触摸，

柔软甜蜜得像个孩子，

祈求进入母亲的房间。

啊，哪个女人能够拒绝这样的请求呢？

面对祈祷的双手谁能吝啬给予呢？

……"

问　题

黛薇是位才华横溢的女诗人，天心与她亦师亦友，既鼓励她写作，又是她的心灵导师。经历过丧夫丧子之痛，曾经心灰意冷的她对天心一往情深。她笔下的每一封信都是绵绵的心灵之歌，每一首诗都是深深的灵魂告白。

对她随信寄来的诗歌，天心大加赞赏，并鼓励她出版成书。他声称："你的诗歌是我的灵丹妙药。它们洞若观火，说出了我的心里话。"身在异乡的天心，每每读罢对方厚厚的来信，都情不自禁，对她心生幻想，他写道："我爱想象你在花园中，笼罩着春日柔软消逝的光线，拥抱着柔情思绪，柔婉的露珠张着孩子般的大眼睛凝视着你，鲜花洒满你雪白的长裙。"

当黛薇怀疑自己诗作的价值，想放弃翻译英文版本时，天心鼓励道："我斗胆挑战您对它们的评价。它们难道不出色吗？那些诗歌源于触动内心的强大力量，难道不伟大吗？一滴水，荷叶上滚动着的珍珠般的露水包含着的思想汪洋，难道不就像海洋本身那样博大精深而包罗万象吗？您诗歌中那种绝妙的人性打动了我，我称之为伟大。我还喜欢细细玩味您的诗句，它们让我回味无穷。”诗人和作家书信传情，惺惺相惜。天心一展其浪漫情怀，深情地说道：“它们是属于我的忧伤，我的秘密乐园。务必再寄些给我，否则就是罪过。”

泰戈尔曾经在给黛薇的信中批评她的诗歌，认为她生活圈子狭窄，导致她的诗歌不够深刻，未能施展其天资。她在给天心的信中道出自己心中的苦恼与矛盾：

“他是男人，不能意识到女人在生活中的种种局限，这关乎女人的天性，她们无法疏远身边的人，总是要先为他们服务，然后才向外寻求发展。她所遵循的头条格言一定是‘慈善从家开始’，我知道这一准则会向外扩展，但是如果我试着向外发展，却没有完成家里的责任，这样对吗？我不知道。这样能带来自我满足和心灵的宁静吗？家庭琐事并不可爱，它们令人厌烦，当她要在广阔的天空放飞心灵，却被迫困在围墙中她会苦不堪言。抛开别的，不是因为自私自利，而是要听从自己的内心，当别人需要我，而我因为追求梦想没有满足他人，这算逃避责任吗？…… 你明智，有更多的经验。克己舍我会不会到头来都是枉然？”

天心称这是一个“了不起的问题”——克己与自由。他的回答深入浅出，富有哲理，在今天看来也同样适用。他写道：

“相信我，你的自然日常生活最重要。你照顾母亲，你对家庭生活中那些琐碎但重要事情的兴趣，比任何你在外界所获取的成就更实在。我不光是指女人，男人也一样。我们都知道为社会做贡献意味着什么。对我来说，做一个人比做一个社会的公仆更重要。我们要努力在局限性内实现理想。日常生活中的忧虑与磨难比敌人更难战胜。让我们一同接受苦难，并肩持久奋战。”

他们不能面对面地互诉衷肠，只能以异国语言书信沟通。虽然精通英文，天心始终认为，书写远远无法比拟亲口述说，英文更难以确切地表达自己心中的想法，他写道：

“书写完全达不到那种境界。我想如果我用日语给你写信会不会比用英文好很多。起码我知道如何礼貌地称呼你，也会减少很多粗鲁的冒犯，还可以更好地暗示我的想法。我不完美的英文令我措辞粗糙，但可能更直率。”

由于信件漂洋过海，到达时经常残破不堪，天心笑言：“好奇心强的偷窥者看见大篇幅的疯言疯语（我指我的那些信）定会啼笑皆非。内容太危险，对我来说太危险。”

天心意识到爱是危险的，暗示他已坠入爱河。黛薇的回信则更坦然、直率。她写道：

“为什么你不说我的信里也充斥着大量的疯言疯语。你觉得我会生气。我还没有那样傻！要不然，难道你这明智之士真的认为这些烦琐冗长的宝贝信件满载着东方智慧？尽管这些书信看上去傻傻的，我倒不觉得有什么好惭愧的，反而庆幸，因为你说你喜欢它们，而我也写得很开心。”

嘱　托

自从天心第一次按响芬威庭院的门铃，九年过去了。1913 年 3 月，还是那个清冷的初春，身体日渐衰弱的天心感觉身体稍微好些了，决定提前返回日本休养。这是他多年来往返美日的最后一次旅程。

回到五浦海岸的天心终日在观澜亭看海，给黛薇写信，乘坐他自己设计的新船“龙王号”出海钓鱼。他还在就哈佛大学客座教授的职务与学校磋商，并一直写信给波士顿的伊莎贝拉和小猫孤云。6 月 28 日，他寄出了最后一封写给伊莎贝拉的信。他在信中丝毫未提及病情，而是问候他们共同的朋友，提到一些琐事，只在最后补充道：“我还是继续装病，尽管他们很快就会揭穿我的把戏。”虽然身患重病，他还是以其一贯幽默风趣的格调给伊莎贝拉写信。也许，直接坦白从来就不是他和伊莎贝拉的交流方式。他们之间是周末夜晚波士顿精英派对上的开心打趣，是坐在阳光明媚的芬威庭院享受下午茶的悠闲自在，是翠山别墅鸢尾花丛间插花吟诗的风流儒雅。当这一切都不再，当美最终要消亡的时候，寄往波士顿的信笺也画上了句号。

但是，他却坚持给远在加尔各答的黛薇写信，相比对伊莎贝拉，他对黛薇不但丝毫不隐瞒自己的病情，更坦白地吐露自己的忧伤之情。无论是在飘雪寒冷的波士顿，还是回到日本的寓所，天心无数次地幻想着与她重逢。当他又回到位于太平洋岸边的六角堂休养时，面对浩瀚的大洋，听涛观海，天心对她倍加思念。他写道：

“我坐在海边，整日看海浪澎湃。我不知道是否有一天，你会从海浪的迷雾中升起。你会去更远的东方吗？去中国？去马来海峡？去缅甸？仰光距加尔各答仅一步之遥。虚无缥缈，迷茫之梦！却如此甜美。”

他们互相为对方祈祷，虽然不能相见，但心灵相通，天心希望“天使带着我们的祝福在大洋中间相见，互述私语……我倒是很想

“龙王号”模型，造于1998年。“龙王号”由冈仓天心亲自设计，船身修长，融入了很多西方游艇的设计元素。然而，“龙王号”建好后两个月，冈仓天心就离世了。他乘坐“龙王号”出海的次数很少。（茨城县天心纪念五浦美术馆）

窃听他们在星光波浪上的窃窃私语呢。”

去世前的四个月，病中的天心在梦中与情人相见。他梦见黛薇化身金翅大鹏，拯救了跌入深渊的他。他在信中描述他的梦境：

“昨晚我做了一个梦。梦中我是一个朝圣者，走在峻峭的山顶。我看见我的轮廓映着天空，像一个庞大的古代仙人，迈着巨大的步伐翻过一座座山峰。突然，我被霹雳击中，头朝下跌入深渊，跌呀跌呀，无休止地跌下去，就像寻常的梦那样。然后我触碰到柔软而温暖的底部，它托着我越升越高。它像是一只金翅大鹏鸟，拍打着巨大的翅膀上升，送我去了天堂。我看到了我走过的山峰消失在远方，我扭转脖子去看神鹰的脸，啊！那居然是你。不是很可笑吗？”

在生命的最后阶段，天心的思念与日俱增。1913 年 7 月 22 日的信中，他说在他工作时常常会想起她，写信已经没办法表达这强烈的思念，“只有登上去印度的船才能表达我的心情。我苦恼不安，居然去查了船的班次。难道我疯了吗？”

对于死亡，他早有预感。在人生最后的时刻，他平静自在，体会到人生的圆满。离世前的一个月，1913 年 8 月 2 日的信很短。任何语言都不能表达他的心情，人的最后一程无人可以陪伴，只能一个人上路。他写道：

“我屡屡提笔，却乏善可陈，着实奇怪。诸事道尽，没有什么可写的了。功成名遂，没有遗憾，只心满意足地等待死神降临。一切都是虚空，没有黑暗，却充满神奇的光芒。雷电交加的喧嚣却带来无尽的静谧。我觉得我就像独自坐在大剧院的君王，孤独地观看精彩绝伦的表演。你能理解吗？”

这封信末尾有一首名为《嘱托》的诗，作于 1913 年 8 月 1 日。

他渴望平静地离去，长眠于太平洋海岸线的松涛下，不求任何仪式与追思，水仙与梅权当墓碑，海鸥的歌唱是唯一的挽歌，把“她的诗歌置我胸前”，他梦想着在“一个遥远的白雾夜晚，听到她踏着甜美月光而来的脚步声。”

这封信寄出一周后，他寄出了离别的礼物——他精心挑选设计的日本服饰。他在信中详细地说明了每一件服饰的名称，并列出赠予的人名。除了黛薇以外，她身边的亲人朋友也都收到了礼物。他心思缜密，贴心地附上一张支票来支付关税，还嘱咐万一钱有剩余，就请她随便买些礼物送人。他自知不能陪伴在黛薇左右，希望她的亲戚朋友照顾她。“我想博她们一笑，哪怕只是片刻。她们能够陪伴你，我很欣慰。”他在信中写道。

这期间他抱病出席古社寺保存会，导致了严重的内出血，8 月 16 日他在亲人的陪伴下去赤仓山庄静养。

8 月 21 日，天心在赤仓别墅的病床上写了最后一封信。临别时刻，他依旧浪漫地叫黛薇“亲爱的宝石之声”，他坦言自己“晕倒了，低烧并伴有心脏病并发症”。他虽知命不久矣，但还是尽量宽慰黛薇，说并不严重，而且还计划第二年去美国做交换教授。

“命运天注定……”他写道，“最近终于开始尝到生活的快乐时，就病倒了。”天心在赤仓海拔 3500 米的温泉别墅中卧床静养，心静如水，满怀感激。他不能拥抱心爱的人，便把一切钟情诉诸笔端，虽然筋疲力尽，笔迹潦草，他还不忘向她诉说窗外的美好景致：

“这里是我在妙高山腰的一处远郊住所。这所房子海拔 3500 米，坐落在死火山上。有一间房里，晶莹的碳酸泡沫温泉不分昼夜地吐着泡泡。从我的窗口望出去，妙高山（散发幽香的山）的山峰在西面挺立，远处隐约可见黑姬（黑公主）摇晃着满头的黑松林，她旁边伫立着向伟大的天神祭祀的饭纲妖怪（堕落的伊莎娜）。东边玛德蓝山脉涌现出无数绿色和紫色的山丘，一直延伸到南部。这是振奋人心的景致，真希望你也在这里。”

病榻上的天心在离开世界前的最后愿望就是希望黛薇能够陪伴在他的身边。

一九一三年

五十一岁　水仙与梅

唯有以美而生之人，
能以美而死。

——《茶之书》

* * *

1913年8月16日，天心和家人到赤仓别墅休养，他视力模糊的状况已经持续了几周，情况一直未有好转。8月24日，天心突发心脏病。医生看过之后宽慰家人说并无生命危险。他的亲人和弟子纷纷赶到赤仓探望。然而天心不相信医生的话，他不断地说自己不会康复了。那些天他的神智异常清醒，开始祝福家人和朋友并向他们告别。8月29日他的肾病恶化成尿毒症，开始昏迷和抽搐，9月1日他终于平静下来。9月2日早上七点零三分，在亲人朋友的陪伴下，这个“觉醒的男孩”又沉沉地睡去了，就像五十一年前的那个圣诞节节礼日，躺在妈妈温暖臂弯里的那个小婴儿一样，心满意足。

天心的弟弟冈仓由三郎马上给波士顿的伊莎贝拉和加尔各答的黛薇发电报。他在9月11日给伊莎贝拉的信中写道：

“他在完全清醒的时候提起了您的名字，让我给您送上他最衷心的感谢，感谢您深厚的友谊。”

这封电报现在陈列在芬威庭院的展架上。芬威庭院是天心在波士顿的港湾，伊莎贝拉给他安排了一个安静的房间，供他随时过来写作和禅坐。她接到天心去世的消息悲痛欲绝。曾经失去家人的伊莎贝拉多么感恩上苍赐给她这位知心朋友，如今，他也去了。蜜罐里长大的她，经历了太多悲欢离合，恐怕痛彻心扉也不足以形容她的心情。

悲痛的伊莎贝拉重新安排芬威庭院的布局，为了纪念天心重整“中国室”。这个房间里的所有展品都来自中国和日本，陈列了许多巨大的佛像，气氛沉静忧伤。在展架上，有天心赠送的茶具套装，那封告知天心去世的电报，还有一份《白狐》手稿。她在天心送给她的那本《茶之书》的扉页上写下了天心去世的日期和追思会的日期。

秋天的芬威庭院恬静美丽，阳光透过树枝洒在院子里，金黄的落叶随着微风翻动舞蹈。1913 年 10 月 27 日，这里开了一场派对，

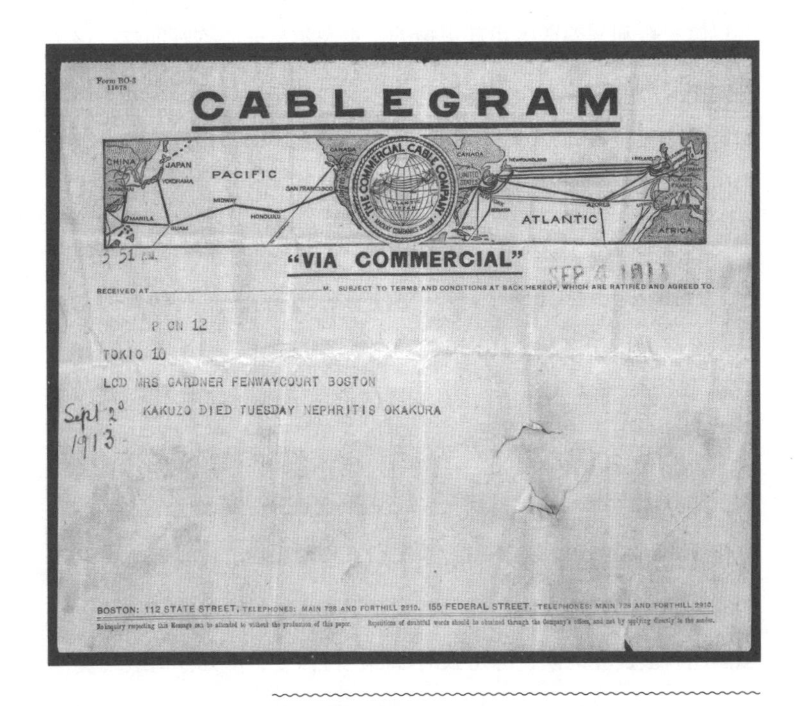
Form BO-3
11678

CABLEGRAM

"VIA COMMERCIAL"

5 51 P.M.

SEP 4 1913

RECEIVED AT ______ M. SUBJECT TO TERMS AND CONDITIONS AT BACK HEREOF, WHICH ARE RATIFIED AND AGREED TO.

P CN 12

TOKIO 10

LCD MRS GARDNER FENWAYCOURT BOSTON

Sept 2 1913 KAKUZO DIED TUESDAY NEPHRITIS OKAKURA

BOSTON: 112 STATE STREET, TELEPHONES: MAIN 728 AND FORTHILL 2910. 155 FEDERAL STREET, TELEPHONES: MAIN 728 AND FORTHILL 2910.

No inquiry respecting this Message can be attended to without the production of this paper. Repetitions of doubtful words should be obtained through the Company's offices, and not by applying directly to the sender.

冈仓由三郎发给伊莎贝拉的电报，告知冈仓天心逝世。“觉三周二去世，肾炎。冈仓。”电报右上角的盖章日期是 1913 年 9 月 4 日。左边手写：1913.9.2，相信是伊莎贝拉写上去的。（Isabella Stewart Gardner Museum, Boston）

为缺席的天心而开。波士顿文化界人士聚集在一起，他们朗读天心的《白狐》、《老子》节选、佛教经典片段，还有泰戈尔的《吉檀迦利》诗选来追思他们的老朋友——那个曾经在派对上谈笑风生的天心，那个郑重其事地推荐有武士道精神寿司的天心，那个反击种族歧视者的天心，那个身着和服风度翩翩的天心。追思会上，伊莎贝拉还准备了《茶之书》送给朋友们。在1904年至1905年的访客签到簿上，她贴上四张天心的照片，来纪念他们友谊的开始。

泰戈尔的《吉檀迦利》是曾经领教过天心“武士道”酸梅寿司的马修·普利乍得送给伊莎贝拉的。泰戈尔是天心的好朋友，这本书给悼念中的伊莎贝拉带来温暖的抚慰。几年后，泰戈尔的亲自拜访令伊莎贝拉分外感动。她写道：“他自愿来访，和我坐了一个多小时，就是为了怀念冈仓。”[1]

朋友们开始察觉到天心的死对伊莎贝拉影响深远，她受到前所未有的沉重打击，她的朋友们纷纷伸出援手。

经纪人博伦森在1914年初会见伊莎贝拉时，发现她好像完全变了一个人。他与伊莎贝拉的一番直率的对话令人深思。他说，“虽然他之前也认识到她的迷人与精彩，但是他从未觉得她可爱，直到这一刻，因为她从未如此可爱。”她哭着说：“的确是这样。”[2]她将此归功于天心，是天心改变了她。她说是天心让她看到自己可憎的一面，并教她学会去爱而非仅享受被爱。她流着泪承认了自己虽然还有很多坏习惯，但是人的本质已经改变，能如此勇敢率真地

[1] Rollin Van N. Hadley: *The Letters of Bernard Berenson and Isabella Stewart Gardner* 1887—1924, Boston: Northeastern University Press, 1987, p.592.

[2] Bruce Richardson, *The Book of Tea—Introduction by Bruce Richardson*. Perryville: Benjamin Press, 2011, p.36.

剖析自己的伊莎贝拉如此可爱。

怀念天心的礼物也接踵而至，有天心送给丹曼·罗斯[1]的茶碗，有下村观山的画稿，有横山大观的双龙争珠水墨画。朋友们慷慨地把这些礼物赠送给伊莎贝拉，认为只有在芬威庭院，在伊莎贝拉的守护下，它们才能得到最好的保护，它们的价值才能最大地体现。

1914 年 2 月，天心的弟弟冈仓由三郎寄给伊莎贝拉一张下村观山临摹江户时代著名画家尾形光琳的《白狐》草稿，并说天心曾经非常欣赏尾形光琳的作品，他建议用尾形光琳的《白狐》作为冈仓天心《白狐》的卷首插画。而伊莎贝拉提议不如就用下村观山的草稿，冈仓由三郎回复说，草稿未免太潦草，不太适合。同年的 10 月，下村观山展出了以白狐为主题的两扇屏风。画上的白狐独自站在秋天金色的丛林中凝视着远方，这是下村观山心中的天心。

加德纳夫人博物馆中国馆的展柜中陈列着两只外形简单敦厚，装饰着素雅蓝色花瓣的粗陶茶碗。这对茶碗朴实清雅，具有鲜明的乾山制陶风格。这是一套五只茶碗中的两只，每只底部都有“乾也”的落款，是三浦乾也[2]的作品。这对茶碗曾经分离，后来又得以相聚，这其中还有一个故事。

1916 年 8 月，伊莎贝拉收到了一个特别的包裹，里面是一个带有铜拎手，朱红抽匣的四层便当盒，在最底层装着两只茶碗。哈佛大学日本美术史教授丹曼·罗斯在内附的信中写道：

“这个便当盒原本属于冈仓，有一次我们一起在日本旅行时，

[1] 丹曼·罗斯（Denman Ross，1853—1953）：哈佛大学日本美术史教授，冈仓天心的朋友。

[2] 三浦乾也（1821—1889）：日本著名陶艺家。仰慕乾山，学成后自称“六世乾也”（为表谦逊，没有直接称“六世乾山”）。其风格继承了乾山艺术的文人式洒脱和禅意的朴素娴雅，表现追求悠悠自适生活的人生理想。

下村观山的《白狐》草稿。水彩，29cm×16cm，约1913年。
(Isabella Stewart Gardner Museum, Boston)

他送给了我。为免落入俗人之手，我送给您，请将其纳入纪念他的物品中。

“在盒子最底部的抽匣中有他泡茶用的茶碗。当他送我这只便当盒时，只送给我一只茶碗，而他自己保留了另一只。但是两三年后，他把另外一只拿给我，说它们不能分开。他在那智瀑布下泡茶，我们用这两只茶碗饮茶的情景还记忆犹新，真是难以割舍。如此令人钦佩的人，能认识他是多么荣幸！”[1]

天心在《茶之书》第一章结尾处把东西方比喻成“两尾被弃置于翻腾怒海上的龙，拼命想夺回属于生命的珍宝”，这一想象与现在陈列在加德纳夫人博物馆的横山大观的水墨画《双龙争珠》有异曲同工之妙。这幅画气氛神秘苍凉，左右两边各有两条由松树变化的龙，似一公一母，画的中央是一轮明月。是横山大观的画给了天心灵感，抑或是反过来，我们不得而知。但是伊莎贝拉最后能拥有这幅画，却颇有一番曲折。

1904 年至 1905 年间，天心为日本美术学院的学生举办了一系列展览，其中 1905 年 1 月在纽约国家艺术俱乐部（National Art Club）的展览中，有一幅画叫作《龙与珠》，很有可能就是现在加德纳夫人博物馆中的那一幅。后来横山大观以同样的题材又画了另外一幅更精细的版本，取名《双龙争珠》，现存于横山大观博物馆。1905 年 4 月 22 日，横山大观和菱田春草离开波士顿，在伦敦逗留了几个月，而第二幅较精细的版本就是在这期间完成的。1906 年 4 月，在东京的一次展览中，横山大观的《双龙争珠》参展。翌年 1 月，

[1] Alan C, Noriko M, Christine M. E., et al, *Journeys East: Isabella Stewart Gardner and Asia*, Boston: Periscope Publishing, 2009, p.410.

在英国的一次展览中，横山大观的《龙与珠》参展，这次展出的作品到底是哪个版本，难以考据。1929 年，横山大观第三次以这个题材创作了一幅画。

这第一版《龙与珠》与伊莎贝拉的渊源可以追溯到 1904 年，为天心一行日本画家举办展览的莎朗・布尔曾向伊莎贝拉推销这幅画。伊莎贝拉回复说，非常抱歉，由于财务原因无法购买《龙与珠》这幅画。她进而为双方就这幅画的误解表示道歉，她写道：

“那天您跟我谈及这幅画，我以为您由于要出行，想把这幅画寄存在我这里。我很乐意帮您暂时保管这幅画……如果您已经和冈仓先生说过我想要买这幅画，我非常遗憾，我无力购买这幅珍贵的画作。”[1]

伊莎贝拉不想购买这幅画，可能是因为她认为这幅画是冈仓送给布尔的礼物，她在给布尔的信中写道：“他把这幅画送给你最合适”。不过伊莎贝拉不买的真正原因是经济原因还是她不喜欢这幅画，我们现在也无法得知。但当时她的芬威庭院刚刚开业，财务状况紧张也是常理之中。

十几年后，天心刚刚去世后一个多月，伊莎贝拉收到了一封署名为约瑟芬・玛珂露德的来信。她在 1913 年 10 月 15 日的信中写道：

“您知道冈仓的这幅画吗？……您想不想把它挂在您的家中？他很欣赏您展示美丽画作的天赋（他这样说），他肯定乐意把他在西方画的这幅画送给您。”[2]

[1] Alan C, Noriko M, Christine M. E., et al, *Journeys East: Isabella Stewart Gardner and Asia*, Boston: Periscope Publishing, 2009, p.405-406.

[2] 同上，p.406.

不知为何，玛珂露德以为这幅画出自天心之手，不过这幅画上并没有横山大观的签名。这一次，伊莎贝拉接受了馈赠，她心有疑虑地写信给冈仓由三郎，附上照片询问此事。她与冈仓由三郎很熟，由三郎曾在芬威庭院做过一系列演说，并于 1913 年赠送给她一本自己的作品《日本的生活与思想》。冈仓由三郎回复说：

"从这张图片看来，毫无疑问，您手上那幅画是我哥哥最有代表性的手笔。我认为，他是尝试诠释阴阳两种力量的对抗。他是否曾经透露给您他这幅画背后的动机呢？如果有的话，可以告知吗？我很想知道。"[1]

于是，大家都将错就错，伊莎贝拉把这幅画挂在中国馆中，天心赠送的那套茶具之上。1919 年，波士顿美术馆亚洲馆馆长——天心的学生富田幸次郎，与横山大观会面时，横山大观说这幅画是他在剑桥时画的，因为觉得价值不大，所以没有签名。不知道是否是富田将此事告知了加德纳夫人，从目前馆藏目录上看来，这个错误被纠正了。

1917 年 1 月 31 号，拜占庭学者托马斯·怀特摩尔[2]的一封来信让伊莎贝拉释然。他写道："冈仓由三郎和我一起去冈仓天心的墓地，而你就好像和我们一起，我们一起去做这件事情。"怀特摩尔为天心献上鲜花，并在墓碑上洒水。天心的弟弟告诉他："您和加德纳夫人是第一个造访他墓地的美国朋友。"[3]

[1] Alan C, Noriko M, Christine M. E., et al, *Journeys East: Isabella Stewart Gardner and Asia*, Boston: Periscope Publishing, 2009, p.407.

[2] 托马斯·怀特摩尔（Thomas Whittemore, 1871—1950）：美国学者，美国拜占庭学院创始人，加德纳夫人的朋友。

[3] Thomas Whittemore to Isabella Gardner, 1917.1.31, Isabella Stewart Gardner Museum, Boston.

天心的去世是波士顿美术馆的巨大损失。美术馆年报上写道：

"亚洲部杰出的馆长，冈仓先生过世所造成的巨大损失，还未能完全弥补。"[1]

拍给加尔各答的电报给另一个女人带去了噩耗。黛薇 8 月 5 日写给天心的最后一封信上提到她要去然池[2]避暑几周，8 月 17 号启程，9 月的第二个星期回来。信中她叮嘱还按原地址回信，信件会转寄给她。她在信的结尾与他道别，她说："英文的再见是那么的优美，是上帝与你同在的意思。我这样祝福你，愿你开心快乐。"这封信在天心去世后四天才送达天心的地址，他未能读到她写给他的祝福。

那封载着坏消息的电报或许辗转了几天才送到女诗人手上。那个炎热的夏天，她病了，没有什么心情写东西，她的两本笔记本停在 6 月 9 日和 7 月 3 日。9 月 7 日，也许是在然池，她收到了那封电报。不知道她是否收到他 8 月 2 日写有《嘱托》的那封信，还有那张付有一张小额支票用来支付礼物关税的信，和他为她精心订制的那件绣了菊花徽章的日式外套和博多织腰带。如果当时包裹寄得比较快的话，她有可能刚刚收到他亲手为她准备的礼物，还沉浸在收到礼物的幸福快乐中，并因《嘱托》那封信而感到隐隐的不安。她肯定还没收到他那封从赤仓寄出告知自己晕倒病重的信，而那封电报先到了，那是没有预警的当头一棒。她的第一本笔记本，在停止写作近三个月后的 9 月 7 日，写了三段文字，字字含泪。

"你已经获得了至高无上的启迪，黑暗永远消失了。我终于完

[1] Bruce Richardson, *The Book of Tea—Introduction by Bruce Richardson*, Perryville: Benjamin Press, 2011, p.36.

[2] 然池（Ranchi）：加尔各答附近一个山区的名字。

全陷入黑暗，孤独无助地摸索……静夜不能带来安宁……我的额头火烫，自责的泪水湿透了枕头……你终于自由了，把我的灵魂从这虚弱的身体中拯救出去吧，她在等着你，亲爱的，别延迟。”[1]

她后来知道他在最后的日子里，躺在赤仓别墅的病榻上，终日望着窗外的壮观景致，想着她，希望她能在身边。黛薇曾想亲自去日本为他送行，但最终未能成行。

现在天心纪念五浦美术馆的玻璃展柜里陈列着女诗人的信件。变黄的信纸，双面密密地写满了娟秀的字体。信封残旧，正面有邮政局的蓝色铅笔潦草地涂写的日文地址，背面左右分别有两滴红色封信的蜡油，虽然颜色已经黯淡，但还是那么触目惊心，它们像两滴干了的血迹，在信封的两端，永远不能接触。

天心的另一位印度好朋友苏瑞回忆，在收到天心的告别礼物不久后就得知他去世的消息，苏瑞怀念这位给他的妈妈和妹妹邮寄礼物并亲切地称呼她们为“妈妈和宝石妹妹”的日本朋友，“我们从未失去他，他永远和我们在一起。”苏瑞在《忆冈仓觉三》中写道。

10 月和 11 月印度的报章上也刊登了纪念天心的文章，称他为“爱印度的、印度真正的朋友。”

他去世后不到两个月，泰戈尔就获得了诺贝尔文学奖。诗人对挚友的逝去悲伤至极，三年后他第一次访问日本时就亲临五浦海岸，穿上老朋友的和服，与其家人合影。只有这样，才能表达诗人对朋友的追思，或许也是他对曾经的些许误解表示歉疚。

1913 年 12 月，约翰・罗杰和毕格罗在《博物馆公报》上撰文

[1] Okakura Kakuzo, *Collective English Writings III*, Tokyo: Heibonsha Limited, 1984, p.301.

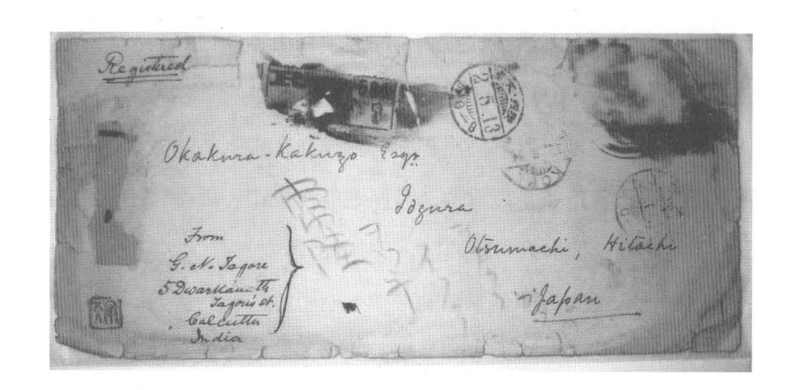

饱经沧桑的信封，由加尔各答寄到日本，需要大约一个月的时间。（茨城县天心纪念五浦美术馆）

向他们的这位日本朋友致敬。

“‘啊，东方是东方，西方是西方，一分为二，永不相遇。’但这水火不容的东西方文明在冈仓的身上水乳交融。”

五浦海岸的基子在安置骨灰坛时从怀里拿出一个小纸包，里面是波津子的照片。她把这个小包放进棺木中，说：“你也是个不幸的人，让你们一起吧。”天心的结发妻子基子陪伴他三十余载，却从未跟随他出国公干；他的情人波津子沦为精神病患者，1931 年在精神病院里郁郁而终。这两个日本女人的命运与天心那些美国女性朋友的命运相比是令人唏嘘的。同样围绕在天心周围，同样是女人，为什么境遇是天壤之别？想必读者们心中自有答案。基子下巴微微抬起，目光凝望着远方，肿胀的面容写满忧伤。她明白波津子是丈夫心中永远的痛，她要他心安，这是最重要的，至于自己的痛苦，早已不值得一提了。这种牺牲，天心的泉下之灵能体会到吗？当他在创作《白狐》的时候，当他把《白狐》呈献给伊莎贝拉的时候，当他与黛薇热烈地讨论《白狐》诗句的时候，妻子的影子可曾闪过他的脑海？我相信他的《白狐》里有基子，也有波津子。

冈仓天心在去世的前一年，于 1912 年 6 月 16 日亲笔订立遗嘱。遗嘱装在套在一起的两个信封里，外面的信封用英文写着：重要，我死后由我的兄弟由三郎亲启。信封右上角写着英文小字：遗嘱。里面的信封用日文写着：遗嘱，五浦冈仓觉三及日期。他故意用英文写外层信封，避免让不懂英文的家人知道。遗嘱详细，包括归还波士顿美术馆购买艺术品的剩余款项；土地、房产和艺术品的分配；分配遗产给他与八衫贞的私生子和田三郎，等等。

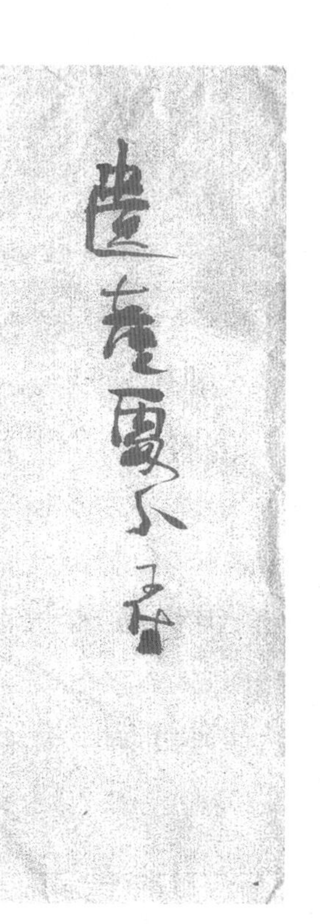

will

Important

For the Hands of My Brother
Y. Okakura
after my release.

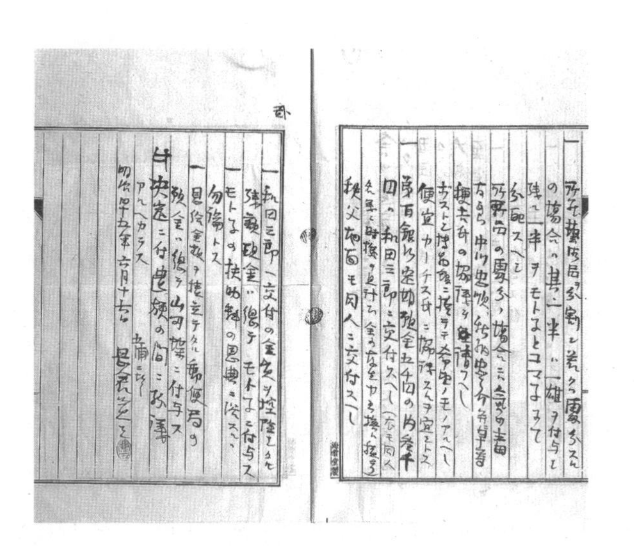

冈仓天心的遗嘱

（茨城县天心纪念五浦美术馆）

清泉在流淌

位于美国新墨西哥阿比丘国家公园里的这所老房子，是游客们必到之地。步入客厅的游客通常会惊讶于这里不寻常的布置。如果你去过日本，那么你可能有身在日本的错觉。一个与房间同宽的大落地窗是客厅的焦点，窗外一株古老的大树伸展着苍劲的树枝。室内的陈设是与欧美传统大不同的极简风格，一盆苍翠的古树盆景，一张玻璃矮桌，白色的日式低矮沙发和窗边一张连脚凳的简约躺椅，阳光从大玻璃窗射进房间，在乳白色的地毯上投射出大树枝丫的影子，静谧简约，富有禅意。

这是 20 世纪艺术大师乔治亚·欧姬芙[1]的故居。欧姬芙的绘画作品是 20 世纪美国艺术的经典代表，以半抽象写实的手法闻名于世。1914 年的夏天，天心去世还不到一年，27 岁的欧姬芙踏入哥伦比亚大学教师学院的课堂，那里她遇到了启发她的阿瑟·韦斯利·道[2]。道认识菲诺罗萨，是个日本艺术迷，曾在日本学过版画，钟情于日本的“和”文化。他撰写的艺术课本《构造》(*Composition*)中介绍了浓淡的概念。书中引用了很多天心的话语，显然是天心忠实的读者。《茶之书》很有可能就在道介绍给欧姬芙的阅读清单里。艺术风格还未成形的欧姬芙深受导师的启发，对《茶之书》中倡导的东方艺术理念一见钟情。她开始摒弃传统的复杂造作的风格，抛

[1] 乔治亚·欧姬芙（Georgia O'Keeffe，1887—1986）：20 世纪美国艺术大师之一。其绘画以半抽象半写实手法闻名，主题多样，花朵是其中一个重要主题。她的艺术理念受冈仓天心影响。她热爱日本文化，是冈仓天心的忠实信徒。

[2] 阿瑟·韦斯利·道（Arthur Wesley Dow，1857—1922）：美国画家、艺术教育者。

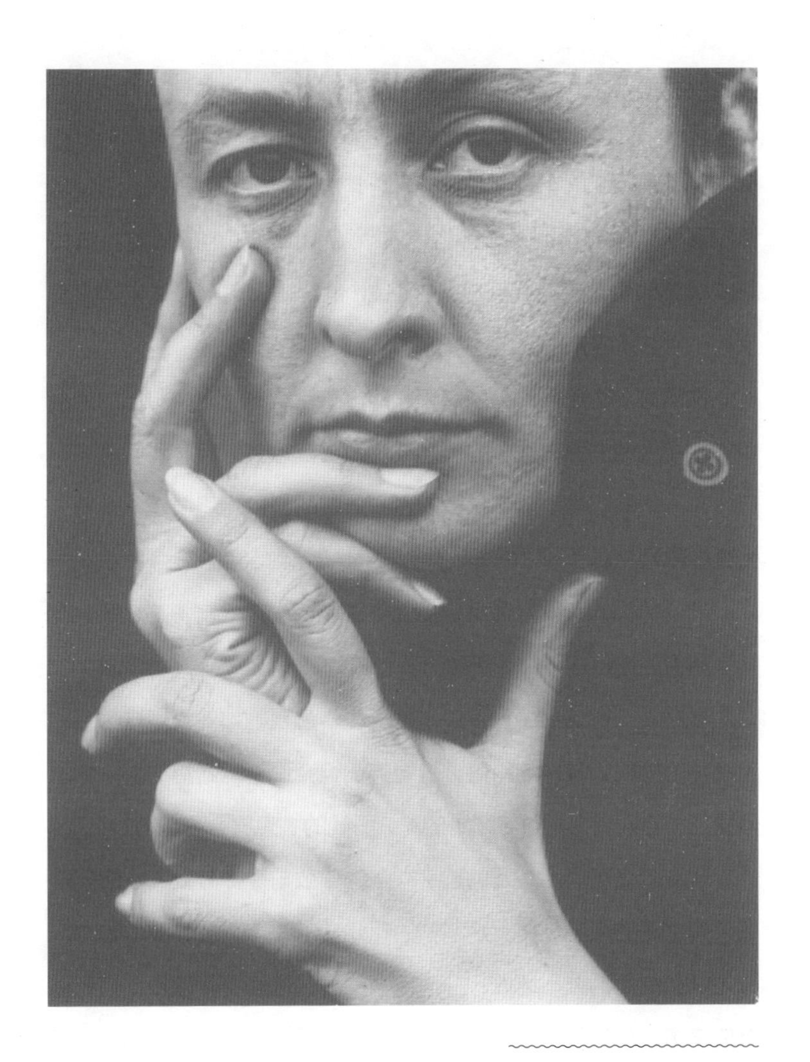

乔治亚·欧姬芙肖像，1918年。
（摄影：Alfred Stieglitz ）

开物质至上的理念，开始了新一轮的抽象炭笔创作。这是她找到自己真正画风的关键时期。她把这些作品分享给纽约的朋友安妮塔·普利兹（Anita Pollitzer）。安妮塔非常喜欢这系列画作，于是拿给摄影家阿尔弗雷德·斯蒂格里茨[1]看，得到了他的肯定。1916年欧姬芙的炭笔画正式展出，这位20世纪初期美国最杰出的女画家在东方艺术带来的灵感下找到了自己的创作风格。

在欧姬芙位于阿比丘国家公园的寓所里，有一个拥有近三千本藏书的私人图书馆，晚年的欧姬芙视力每况愈下已经不能看书了，但总有一本书忠诚地陪伴在她的左右。她的看护克里斯廷·泰勒·派腾说欧姬芙对《茶之书》的热爱非同寻常。她回忆道：

“众所周知，欧姬芙小姐热爱中国和日本艺术，《茶之书》在她生活中的地位却不被人所知。”[2]

派腾在一次访谈中说道：“她反复告诉我她如何喜爱这本书，我经常给她朗读其中的段落。欧姬芙小姐会说‘翻到花的那一章。他懂花。他说蝴蝶是长着翅膀的花。多妙的主意呀，不是吗？’”[3]

也许就是天心对花儿的近乎神圣的尊敬与爱护激发了欧姬芙以花朵为主题的系列创作。她笔下的花儿从不含苞待放，故作姿态，总是以最绚丽的姿态绽放，细节精妙流畅，色调变化微妙，画面富有韵律感。

派腾在她的著作《欧姬芙小姐》（*Miss O'Keeffe*）中提到欧

[1] 阿尔弗雷德·斯蒂格里茨（Alfred Stieglitz，1864—1946）：美国摄影师、现代艺术倡导者。19世纪20年代，他以开设画廊闻名纽约。他率先展出了欧姬芙的一系列炭笔作品，后来与欧姬芙结为夫妇。

[2] Bruce Richardson, *The Book of Tea—Introduction by Bruce Richardson*, Perryville: Benjamin Press, 2011, p.38.

[3] 同上.

姬芙的日常生活与日本茶道有诸多相似之处。她专注细节，一举一动都充满仪式感。她庄重地折叠手帕的方式就是日本茶道仪式的再现。这位长年穿着日本和服式长袍的美国艺术家，以尊敬的心态对待生活中的每一个对象、生命中的每一刻。她的住所极其整洁，每一件物品都有精准的摆放位置，哪怕是一块小石头或一个贝壳。“她的生活和她的房子可以被看作是最精致的茶室，既精准又谦和，既敏感又平凡，完全脱离繁冗复杂、虚荣做作，为物质而生活的状态。”派腾写道。

“您就像草地上流过的一股清泉——可能不显而易见，但是永远存在。”这股清泉从曾经还是小渔村的横滨流到东京，流到巴黎、纽约、波士顿、芝加哥，还流到遥远的新墨西哥州的圣塔菲。欧姬芙与天心从未谋面，却成了这位东方艺术家忠实的弟子。她对茶道的认识从来不拘泥于茶汤与茶室，而是把《茶之书》的思想贯穿在她日常生活中的每一分每一秒，融合在她那些举世闻名的画作中。她决意要把那些花儿的灵魂毫无保留地展示给她所爱的人和大自然。这是一种生命的呈现，让人愉悦并感动。

在陪伴她走过最后日子的派腾眼中，欧姬芙本身再现了《茶之书》所说的：

“若想真正欣赏艺术，唯有让艺术成为生活的一部分才有可能……服装的裁剪方式与颜色选择、身体的姿势、走路的样子，凡此种种，透露的不是别的，正是你我的个人艺术特质，切不可等闲视之。因为，若不让自己也成为美丽的事物，又怎么有资格去接近？”

这一股清泉还在世界各地静静地流淌，影响着无数人，正如他所说的，“只要我们愿意打开心眼，这个世界无处不存在着完美。”

波津子的儿子九鬼周造在母亲和天心过世多年后，写道：“现在我对冈仓的感情只有纯然的尊敬，所有的回忆都是美好的。明亮的地方是美好的，阴影的地方也是美好的。谁都没有过错，全都像诗歌一样美。”[1]

五浦海岸的黎明清凉静谧，蓝黑色的太平洋在海平线上吐出了一抹金色的光芒。我想，昨晚在松涛下沉睡的他，伴着绽放的水仙和悠悠的梅香，必定听到了她踏着甜美月光而来的脚步声。

[1] [日]冈仓天心、九鬼周造：《茶之书·“粹”的构造》，江川澜、杨光译。上海：上海人民出版社，2011，第200-201页。

To Okakura San.
From
Priyambada Devi.

爱的书简（三）

秋宓 译

[1] Okakura Kakuzo, *Collective English Writings III*, Tokyo: Heibonsha Limited, 1984.

46. Jhautalla Rd.
Ballygunge.
Calcutta. India.
5.7.13

Dear Friend,

Your dear letter is so short, yet I am content, nay, I am more than that, I am happy because it has brought me the news of your welfare and the message of your joy. Tell me are you really very happy! Though now I feel nearer to you yet a strange shyness is stealing over me and I can not say what I feel. You will understand, won't you, without my telling you, how it is with me too, your sympathy will surely bring you the knowledge:

黛薇于1913年8月5日写给天心的信，也是她写给天心的最后一封信，天心没有看到就离世了。

（茨城县天心纪念五浦美术馆）

you only thought of me in other people's places
you thought nothing of me in my own house?
you liked the play-house better than the
real one? you are naughty - I won't talk
to you. Tell me why did you sit so lost and
quiet the afternoon, you came here; with
your empty glass and plate and would not
even put them back, till Suren relieved
you of them. I was just going to do it, when
he forestalled me. He is no blood relation
of mine, only a marriage connection of
my maternal uncles the Chaudhuris. you
know four of my uncles have married into
the Tagore family, so perhaps by courtesy
of polite etiquette, may be called a cousin.
Though in reality there is no relationship. Tell
me why do you want to know, would it please
you more if Suren was really related to me?
You are very fond of him - aren't you! He is very im

yet the Tagores are our best friends. I have
known them ever since I was a little girl and
look upon them as upon very near and dear
relations - and have been always treated by
them with regard and consideration. I wish
I was fortunate enough to have had a brother
like Suren. You know amongst us, as amongst
you, light eyes are not thought of much, as
a little girl, my playmates often teased
and made me angry, laughing at my ~~light~~ of
~~eyes~~ - They would even ask me seriously
if I saw better in the dark! So I had even
been rather diffident about them, but reading
your brother's book lately where he says
that light eyes are thought amongst you as a sure sign of shallow-
ness of nature, I felt quite ashamed.
However, you have not thought so, and the
poor helpless eyes may well be content.
I dare ~~hope~~ you will never have cause to think so

I will not now say anything about how sad I had felt to hear you say that you wished to die to escape this pain. You will never wish it again, will you? Please promise me, you will never do so. Tell me more about your new boat, will it be sea-worthy for long voyages? Will your old boatman be with you? I do wish ~~you~~ all happiness and content to you, when you go voyaging in it.

I have been keeping very poor health lately, and have been obliged to rest for days in bed. A slow sort of fever assails me for a day or two and leaves me utterly prostrate for weeks. Every one is remarking I look really ill, so I am going away to Ranchi for a few weeks. I shall most probably go on the 17th of this month and

be back by the 2nd week of September.
I cant stay away longer as the little
boy who stays with me has no holidays
now. I am quite sure I shall come back
~~quit~~ thoroughly strong in health. Every
year during summer we go away to
the hills, but last year mother suffered
from insomnia there and we could not
go this year. In summer if you do not
go to the hills, Calcutta is by far the
best place to stay in ~~[illegible]~~ in the
plains. So we stayed on, with the result
that I am utterly useless. Please do go
on writing to the usual address, and
wherever I am it shall be re-directed
to me. The house will go on just as it is
now, only I shall not be there. Please don't
worry about me, I shall

The last three days I had to take to bed again – and lying down I read. Do you know Oscar Wilde's "De Profundis"? He wrote it in the last months of his imprisonment. Every line is instinct with beauty, and the manner of expression is unique and charming – you know the book don't you? If not, let me send you a copy. I want you to enjoy what I have found so charming. Please remember to tell me whether you have read it or not.

The English word for taking leave is beautiful, good bye – God be with ye so I say it to you wishing you all happiness.

Yours
Priyambada.

—

* * *

1912.10.1

《茶之书》鉴赏[1]

干燥卷曲的茶叶，
也梦想，
蕴藏浓绿的春潮之美，
饱含柔美的诗情画意。

纤薄脆弱如贝壳的陶杯，
也相信，
一生妙想与美梦的欢愉，
都在一滴金黄透彻的琼浆中展现。

美的化身，
日本之子，
以茶水为色，
画尽一生的笑与泪、光与影。

普里扬芭达·黛薇

[1] 这是黛薇收到冈仓天心赠予的《茶之书》后写的。原文是孟加拉语，黛薇翻译成英文。孟加拉语原文也在信封里。

＊＊＊

吉塔拉路46号

1912.10.6

亲爱的冈仓先生:

听说您从普里（Puri）回来了，马上要启程去马图拉（Mathura）。妈妈和我很荣幸地邀请您和苏瑞下午五点来我家享用印度甜点和沙冰，请恕我不敢请您喝茶。

仅祝安好。

您忠诚的

普里扬芭达·黛薇

意难平

不可相拥，
无法入怀，
藏汝入心，
汝归吾矣，
似天之光，
不可相拥，
无法入怀，
爱你不渝，
情比金坚。

不可束缚，
了无羁绊，
携汝入字，
韵中缠绵，
噢，吾爱、吾心，
牵汝入梦，
语短情长，
留汝无方。

＊＊＊

孟买

1912.10.12

亲爱的女士：

您迷人而贴心的诗歌，给我带来无尽的喜悦。但我无法阅读孟加拉语，遗憾之至，原文必会更精彩。我或许可以学一下孟加拉语。

您的善意让我和印度又多了一层联系。希望您能照一张相寄给我。我还能再收到您的信吗？

我的地址是：美国，马萨诸塞州，波士顿美术馆。

再一次感谢您。

您忠诚的

冈仓天心

我今天乘船去欧洲。请代我问候您的母亲。

* * *

印度洋

1912.10.15

亲爱的普里杨芭达·黛薇·萨玛[1]：

当我离开您所在的海岸，渐行渐远时，心头涌起一丝奇怪的忧伤，真想再一次回到您心爱的孟加拉国。

我尝试作诗，还翻译了一首供您消遣。这是对玉树花[2]——一种道家神食的渴望。是无法消解的渴望吧，抑或是无法全然得到之美？

您永远忠诚的

冈仓天心

可否再收到您的来信？

[1] 原文为：Priyambada Devi Sama。

[2]“玉树”是传说中不死的仙树。唐朝李煜的《后庭花破子·玉树后庭前》中有“玉树后庭前，瑶草妆镜边”的诗句，用传说中永生的玉树和瑶草来抒发对美好生活的深深眷恋。

玉树

雪山万重锁仙[1]乡

玉树花开隔渺茫

白石青苔明月上

几生修得掬灵香

英文翻译大致如下：

玉树

穿过险峻断崖，

端坐在喜马拉雅女神冰封的胸膛，

一棵玉树，洁白而神圣，

几生几世，花落花开，

景致如此迷人，

我定要坐在布满青苔冰冷的月华石上，

直到我的灵魂净化。

可以啜一口圣花上芬芳的露水吗？

[1] 原文是“僊”，为仙的繁体字。

* * *

美术馆，波士顿，马萨诸塞州

1912.12.3

亲爱的女士：

您来自蜜泽珀的信是一片漂洋过海的玉树花瓣，给这沉闷荒凉的北美隆冬带来了明亮灿烂的福音。

您真的就像您的名字那样，有天籁般的宝石之声（黛薇名字中的“普里扬芭达”在孟加拉语中意为“宝石之声”）。我梦想飞去您那片醉人的土地，沉浸在金黄的暮色中。与您流连于古战场的城堡废墟，怀着喜悦思考残垣断壁的过去。可怜的麻雀在落雪中飞过我的窗前，它唱着歌，就像您那树叶闪亮的丛林中的白头翁——如此亲切。噢！南柯一梦！您还会来信吗？很快了吗？这是对我这个被抛弃的孤独灵魂的唯一恩惠。您的生活和思想的只言片语都是令我感恩的甘露。光阴荏苒，告诉我，你变了吗？

请您务必再翻译您的诗歌寄给我。我斗胆挑战您对它们的评价。它们难道不出色吗？那些诗歌源于触动内心的强大力量，难道不伟大吗？一滴水，荷叶上滚动着的珍珠般的露水包含着的思想汪洋，难道不就像海洋本身那样博大精深而包罗万象吗？您诗歌中那种绝妙的人性打动了我，我称之为伟大。我还喜欢细细玩味您的诗句，它们让我回味无穷。它们是属于我的忧伤，我的秘密乐园。务必再寄些给我，否则就是罪过。

您拍照了吗？

您永远的

冈仓天心

附：我有可能再去一次印度。何时？天知道！

* * *

美术馆，波士顿

1912.12[1]

亲爱的女士：

花瓣又降临了！请不要问我玉树的问题，您比我更知道。您没发现它正在您的花园中盛开吗？伊人如花，不是吗？但现在并非回复您的来信。我们之间远隔重洋，您一个月前的来信昨天才到，已事过境迁。我给您写回信时，您的思绪可能早就随大海奔流远去了。这种距离的通信，非志在交换问题与答案，而是另一种意义上的交流——彼此悸动神驰而相拥合一。

然而别让这时间差阻碍您表达已逝去的情感。我心醉于您所谓的“喋喋不休”[2]。（有这个词吗？我的拼写正确吗？）您知道我决不会惧怕收到您寄来的厚厚的信封，您的每一句话都是甘露。感恩它如一缕午后的阳光照进我颠沛流离的生命中，让我陶醉其中，一醉方休。

我叫苏瑞帮忙做了一件怪事，帮我的一位年轻的日本朋友

[1] 此信日期不详，是由本书作者自行推算出来的。前一封信的日期是 1912 年 12 月 3 日，后一封信为 1913 年 2 月 4 日，本信的结尾又称 1913 年 5 月的中国行程为“明年”，因此推算此信写于 1912 年 12 月底。

[2] 原文是 garrulousness，这里译作“喋喋不休”。因为这个词很生涩，天心不知道自己的拼写是否正确。

寻找一位孟加拉国籍的妻子。如果我还年轻和自由的话，我也愿意这样做。苏瑞肯定会对您提起我这荒诞的提议。但是，您觉得有没有印度女人会把她的命运与我们这个国度的男人联系在一起呢？如果有机会的话，您会帮苏瑞寻找合适的人吗？

如果您能不厌其烦地为拙作《茶之书》写几个字的话就太好了。不必认真，不值得。随您的意，尽管削砍、鞭挞和谋杀每一个字。我敢肯定，您优美的文辞定会令它重获新生。您能告诉我怎样学习孟加拉语吗？我明年5月会去中国，离您又近了几千英里[1]。

您的诗和照片寄来了吗？

您永远的

冈仓天心

请问侯您的母亲。

波士顿凄凉沉闷，我以工作慰藉心灵。

[1] 1英里≈1.609公里。

＊＊＊

美术馆，波士顿，马萨诸塞州

◇ 1913.2.4[1] ◇

亲爱的女士：

在终日雪花飘飘，地白风色寒的日子里，收到你[2]的来信真是令人开心。是啊，你的信在路上的时间太漫长。感谢你的诗，多多益善。难怪狄更森（Dickinson）很喜欢它们，为什么不出版呢？我独自欣赏，未免太自私了。我一小时之后要见你的叔叔，只能仓促写几笔，确认收到了你的信。巴布·罗宾烈昨天带着他的儿子和迷人的儿媳妇来了。我希望在不打搅他们的情况下留他们小住几日，尽管我对此地也颇陌生，所为甚少。他们的到来让我感觉亲切备至，你似乎也近了许多。

许久没有苏瑞的消息。你可否告诉我他的公司怎么样了？他是否已经去了英国？愿芭丽甘（Ballygunge）的诸位都安好。

你永远的

冈仓天心

[1] 书信日期上的符号表示书信回复的对应关系，信的日期上标有相同符号的一组信中，后一封是针对前一封的回信。其中，黛薇写于1913.6.4的信是回复冈仓天心1913.5.4和1913.5.8的信。冈仓天心1913.8.21的信是针对黛薇1913.7.4，1913.7.9和1913.7.15三封信的回复。另外，有部分书信遗失，故本书收录的仅是现存书信。

[2] 英文的“you”可以翻译成“你”或“您”。笔者认为随着时间的推移，天心与黛微的关系逐渐亲密，所以二人信中“you”的翻译也从“您”转变成“你”。

我在写一部歌剧的歌词，由一位法国作曲家谱曲。我打算从你的诗歌中窃取三四行，你允许我这样做吗？我会在这里住到4月底。

* * *

1913.2.20

亲爱的女士：

来信收到，你要挟我说，如果我不以同样的方式回信，你就不会停止“喋喋不休”。我瑟瑟发抖，这不是太难为我了吗？请高抬贵手，考虑一下男人的缺陷吧。我其实常常想把我身边所见和日常所思诉诸笔端，但总是半途而废，皆因自觉无趣，亦怕我这些小烦忧打扰你。我的日子平淡无奇，大部分时间都在研究千百年前的文物以及它们对人的感动和启发。有时，遇到动人心魄的东西，我就会忘乎所以，热血沸腾并胡言乱语，没人能理解我。每当此时，我可能就会想起你。

我几乎没有朋友。虽然这里的人都很友善，对我也很殷勤，我还是很少出门。即便我下定决心去参加他们的晚餐派对，最终也会无聊而忧伤地返家。他们不过是期待你娱乐他们。我是谁？一个供人调笑的可怜鬼？我的公寓安宁静谧，两个日本画家帮我管家和做本国饭菜。我晚上会看看书，做做梦，间或斟酌几句蹩脚的诗。

之前和你提起的那个歌剧，我在两天前完成了。写得糟透了，还好，终于写完了。这部悲剧叫作《白狐》，根据我们的一个古老的传说改编，是狐狸变成美女救了一个男人并因此遭受磨难的故事。你们那里的狐狸会不会变成人并做这样的傻事？如果你想看剧本的话，一打印出来我就寄给你。你会看到我借用了你的那些句子[1]，如下：

字如念之窗，
黑白装甲寒，
曲如薄翅蝉，
难抵浪涛瀚，
爱之潮涌溢，
情来不自禁。

不可相拥，
啊！
无法入怀，
字里缱绻，
韵中缠绵，

不可相拥，
啊！

[1] 冈仓天心在这里借用了黛薇在1912年10月6日的来信中附的诗歌《意难平》（The Unsatisfied Longing）中的句子，稍微改写后用在《白狐》中。其中“不可相拥，啊！无法入怀，字里缱绻，韵中缠绵，不可相拥，啊！无法入怀，携君入曲，汝归吾矣。”的英文原文为“I cannot hold thee, dear, I cannot bind thee in coords or in rhyme enchain. I cannot hold thee, dear, I cannot twine thee in my songs and (call) thee mine. 改编自黛薇的：“I cannot hold thee, cannot hold thee in my heart and make thee mine……. I cannot bind thee cannot bind thee, weave thee and twine thee even into new rhymes……”

无法入怀，

携君入曲，

汝归吾矣。

你真的同意我的主人公说出这些话吗？不知为什么，我想把你的语句融入我伤感的创作中。

上个星期，我见到了你的叔叔，你的堂弟携妻子刚刚离开，他们明天都要去芝加哥。恐怕美国不适合你的叔叔，在伦敦或者在真正属于他的印度他可能会更开心。我已经试着劝他早日回国。他光临寒舍时遇到了那个想娶印度新娘的年轻艺术家，我替这位艺术家感谢你的帮助。我不知道我还会在这里待多久，这主要取决于我的写作进程，我正在写一本关于中国艺术的书。看起来我会待到6月。

感谢你的诗。最后一首特别美。是的，我一定要学孟加拉语，但是恐怕当我能欣赏你的诗时，我早就入土为安，聆听树木的叹息了。可能中国之旅会开启我的另一次印度之行。我奉你的照片为至宝。昨晚我梦到一头母鹿。寄给你一首糟糕的诗。

你最忠诚的

冈仓天心

别笑我。

照片之遐想

我在雾霜中呼唤，
于睡眼蒙眬之晨雾，
伫群星照耀之巅峰，
回悄然无声之峡谷，
彼处沉默之神伏翼。

我在迷雾中心动，
沐沉思默默之湖泊，
畅孤独茕茕之丛林，
彼处月光轻语文竹，
树荫怀抱初夜的战栗。

我是一头母鹿，
自由而狂野，
羞赧男人亲近，
孑然一身，
冰清玉洁，
无畏无惧。

噢！睡莲美目，顾盼生辉，
奇异的欢欣涌满森林，
闻汝宝石之声，欢欣祥瑞，
我来了，
我来了。

***

吉塔拉路46号，芭丽甘，
加尔各答，印度
◇ 1913.3.3 ◇

亲爱的冈仓先生：

雪花纷飞，寂静、延绵，为干枯的大地温柔地披上了纯白无瑕的新装，淹没了丑陋的街道，隐去了突兀的烟囱，遮住了光秃秃的树木，这必定是赏心悦目的景致。白色多么美，混合了所有的颜色，明亮而忧伤，正如泰戈尔所说的，人到了老年，生活的亮丽色彩都被征服，一切和谐统一，完美和平的梦想也成真。说说泰戈尔，他和他的儿子、女儿都还好吗？我刚收到他的一封来信，我也正准备写回信。他还没看见我的诗歌译稿。我准备寄三首问问他的意见，都是他以前看过原文的。知道原文和译稿的差别之后，你会感到可惜的，也许再也不让我发表了。原文是活生生的蝴蝶，而译稿就像蝴蝶标本，死气沉沉的，翅膀既无扑扇灵动之美丽，色彩也无花粉渲染之魅力。如果出版遇到困难，能请你写个介绍，找到愿意出版的出版社吗？出版到底是怎样的？我现在已经放弃翻译新诗了。我的心忽然沉吟不语，感觉难以言表。现今，对付缺乏表达力的最好办法就是沉默。所以我每天只是看书，没有写作。恐怕有一段时间不能寄给你厚重的信笺了。我的小精灵雏鸟都飞走了。我坐在空荡荡的废弃巢穴旁，孤零零的，听不到一丝鼓翅的声音，也没有半点困倦的啼鸣。小时候，在教科书中读到，未经允许就是盗窃，那么得到许可的行为又如何定义呢？请随便挑选你喜欢的句子，这些句子能被你派上用场，我很开心。但是你能告诉我哪几句有幸被选中了吗？

我告诉苏瑞的妻子，叫苏瑞给你写信，希望他会动笔。我觉得他的公司进展良好，这个月的18号他将启程去英国。所有在芭丽甘的人都好，谢谢你的问候。我的表妹阿诗卡——贾斯汀·查得利（Justin Chaudhuri）的女儿，上个月27号结婚了。新郎在各方面都和她很般配。

夏天是成长的季节，人们需要更多的食物来对付饥饿（或者空虚？）。所以我开始新的工作，阅读无衬线字体的书，也试着学学法语。你的脚本是法语的吗？

一位女性朋友（她是法国人）给我拍了照。在她的请求下，为了不扫她的兴，我就让她拍了一张，她抱怨这张拍得不好。我给你寄去一张，说说你觉得怎么样，请千万不要给别人看。另外还寄给你一张我的房子的照片。你好吗？下周是否会收到你的来信呢？恐怕收不到，整整一个月你没有寄来只言片语。

诚挚的祝福

你忠诚的

普里扬芭达·黛薇

* * *

美术馆，波士顿，马萨诸塞州

1913.3.3

亲爱的女士：

我现在把《白狐》的第一稿挂号寄给你。虽然是糟透了的东西，但你有权利看到。看看你珍贵的诗句出现在拙劣的语境中，兴许可以博你一笑。与我合作的作曲家计划下一季才上演（明年冬天）。在这之前，不能发表。

我在这里又觉得坐卧不安，会在这个月底启程回日本，在日本小住几个月后去中国。我的地址如下：

茨城县，大手町

日立，日本

你会时常来信告诉我你的近况吗？

这里还在下雪，我很向往东方的阳光和花朵。你的叔叔离开了芝加哥，我感到了一种突如其来的孤独。听说苏瑞家添了新成员，我很开心。

请代我问候他、他的母亲和你的母亲，也问候所有我认识的人。

你真诚的

冈仓天心

* * *

波士顿

1913.3.4

亲爱的女士：

告诉我，应该叫你什么。我想了很多称呼，但是都不满意。那天晚上你的信到了，你传递的温馨慰藉和精彩而美丽的诗歌都一并收到了。我该如何感谢你呢？

上封信写了我的孤独感，使你更挂心我，对此不明智之举，我很惭愧。请原谅我落笔的轻率，未加思考就把我悲伤的阴影投射给你，令你痛苦。我知道你更需要安慰。但不知何故，我被触动，想靠近你。我希望下不为例。

无论如何，我的悲伤就像供我消遣的宠物。孤独是我秘密狂欢的避难所。我的过去是在模糊的理想和无谓的渴望中挣扎，我已精疲力竭、疲惫不堪，常常渴望永久安眠。我渴望能够爬进我的壳里，唱悲伤的自嘲之歌。是的，虽然我令人难以琢磨，但我有忠实的真朋友。我很喜欢他们中的一些人，比如苏瑞，他年轻、满怀希望，和他交往我好像也年轻了。是的，我也有亲人，他们仁慈可亲，对我关怀备至，我受之有愧。就像你说的，我可能对人苛刻，狂妄自私。我可能享受不了上帝对我的慷慨馈赠。我觉得形单影只是我咎由自取。

我的困扰是：我的那些祝福者只看到我的坚强，却不知道我是一个背负着生活压力和艰难的弱者。他们不知道，我戴着勇敢无畏、自强自立的假面具来面对世界，面具下面却是一个胆小怯懦，为每一个骚动而颤抖的东西。恐惧令我自豪，我多么向往把头埋在温柔神圣的臂弯里，哭泣、哭泣、再哭泣。我想被宠爱、被拥抱，也想淘气一下。你呀！你寻到了可怜下贱的我，你不厌烦吗？我自惭形秽。

请千万别说你不是玉树。我希望自己终于找到那棵树了。那不是吗？在晨雾中半遮半掩，端坐在喜马拉雅无瑕的白雪中，预言永恒的春天。如果我不被准许摘一片花瓣，那我可否在远方沉浸于馥郁之中？别说你不是玉树。

你的诗歌是我的灵丹妙药。它们洞若观火，说出了我的心里话。我爱想象你在花园中，笼罩着柔软春日消逝的光线，拥抱着柔情思绪，柔婉的露珠张着孩子般的大眼睛凝视着你，鲜花洒满你雪白的长裙。请务必再寄诗歌来，任何你喜欢的形式都好。我知道我要求得太多了，但你一定觉察到它们对我意味着什么。你收到这封信时，我应该在太平洋上摇荡，离你更近了。期待你的来信。

你忠诚的

觉三

日本没有孟加拉语语法的教学课。你对初学者有什么好建议吗？以外文交谈困难之至。

＊ ＊ ＊

茨城县，大手町，
日立，日本
◇ 1913.4.29 ◇

亲爱的女士：

你3月3日的信从波士顿寄过来了，能在日本收到你的来信，这种感觉真好。你信中弥漫的一丝伤感令我担心，你以前总是愉快的。你说不能欢唱你的颂歌，是什么困扰着你呢？我为你的宁静和幸福而衷心地祈祷。谢谢你的诗歌，尽管调子忧伤。我希望我的忧愁没有影响到你，令你的忧郁雪上加霜。你有没有收到巴布·罗宾写的关于你的诗歌的信？据我所知，他答应出版，但是我知道翻译的诗歌与原文有着天壤之别。如果你允许的话，我愿为这本书的出版倾尽绵薄之力。我觉得我的文稿代理商纽约的季尔德（J.B. Gilder）先生会在纽约和伦敦同时为你出版，他很欣慰。你叔叔的诗歌书籍席卷了整个西方世界，我相信你的也一定会受到热烈的欢迎。

苏瑞去了英国，如果我一早知道，定会取道欧洲。

这一次回家之行令我疲惫不堪，应该说我是一个不折不扣的病号。我假扮乖巧，处处遵照医嘱。年轻的朋友们日夜相伴左右，说尽逗我开心的话。他们一如既往地问一些只有上帝或孩童才能回答的问题，我尽量不露出厌烦的样子。希望我能成功掩饰。我的家人对我关怀备至。我感激不尽，虽然我这样糟糕的家伙不值得他们如此关注。我知道有一种药能医好我，然而就像所有的好东西一样，我得不到这种药，可能永远没法得到？

我坐在海边，整日看海浪澎湃。我不知道是否有一天，你会从海浪的迷雾中升起。你会去更远的东方吗？去中国？去马来海峡？去缅甸？仰光距加尔各达仅一步之遥。虚无缥缈，迷茫之梦！却如此甜美。

由于身体状况不佳，我的中国之行不得不推迟三四个月。我并不严重，承蒙关爱，请切勿挂心。还未收到你法国朋友帮你拍的照片，急不可待呀。你觉得《白狐》怎么样？你会对我坦诚相见吧？感谢你允许我用你的诗句。

保重

你真诚的

冈仓觉三

请代我问候你的妈妈和朋友们。

海思

望星——吾之北极星，

晓船之彼岸遥遥，

唉！舵已断，帆已毁，

漆黑无声之海独自浮垂，

夜露抑或泪水，

令双袖湿坠？

噢！浪汹涌，和风吹，

携吾往天堂与汝相会。

* * *

东京

◎ 1913.5.4 ◎

我亲爱的黎明芬芳：

我遵医嘱来东京几天做特殊治疗。是肠道治疗，并不严重。虽然我觉得没有必要，但是我虚弱至极，只好任医生摆布。我们的身体多麻烦！我想两周后回茨城县。你还好吗？

你4月2号寄去茨城县的信今天早上收到了。很遗憾，东京并不比波士顿近多少。但还是感谢邮递系统。你的每一封信都给我带来一缕阳光。如果你知道你能带来如此的祝福和快乐，给我写信的这件麻烦事也算有丰厚的回报吧。

你询问我的家庭情况。十五年前，我父亲去世了；7岁时，母亲去世。我有一个弟弟在世，就是写书的那个；还有一个守寡的妹妹，她对我亲切仁慈。我的婚姻是老式的包办婚姻，结婚时，我17岁，妻子14岁。我有两个孩子，一男一女，他们都成家立业了。我的孙辈是我儿子的孩子。明天是他的第一个男孩节，他们家的房顶挂着巨大的纸帽和锦旗。[1]

[1] 本段中的岁数均为天心自己算的，与实际岁数略有出入，可能是他记错了或者算岁数的方法不同。

我 20 岁就开始浪迹天涯。十年前，我女儿出嫁后，我就基本不在家住了。为什么要问我的家庭生活呢？我的不幸都是我自己造成的。我任性、古怪、愚蠢和暴躁的行径，让普通的善良人都无法承受。若你知我深些，就会发现我令人反感的一面。我以敬慕为借口接近你，你就当我是你海滩上被遗弃的浮瓶，或是躲在轻云迷雾后的弃儿而接受我，好吗？这样写我的生活，很悲凉，也许哪天我可以亲口告诉你。

你的诗歌还是一如既往的精彩。你的缪斯[1]又开口说话了，你感觉如何？请务必再来信。是的，你可以把《白狐》给查得利夫人或者别人看。我希望你告诉我 Kolha 这个名字在孟加拉语里有没有什么不好的意思。如果有的话，你能建议另外一个名字吗？

你忠诚的

觉三

“觉三”的意思是有智慧的或者博学的人。我当然名不副实。“觉”是我的家族世代流传的名。

[1] 传说缪斯口授，女诗人记下的字句就是诗歌。诗的声音就是缪斯的声音。

* * *

东京

◎ 1913.5.8 ◎

我亲爱的无以冠名之名:

昨晚我做了一个梦。梦中我是一个朝圣者，走在峻峭的山顶。我看见我的轮廓映着天空，像一个庞大的古代仙人，迈着巨大的步伐翻过一座座山峰。突然，我被霹雳击中，头朝下跌入深渊，跌呀跌呀，无休止地跌下去，就像寻常的梦那样。然后我触碰到柔软而温暖的底部，它托着我越升越高。它像是一只金翅大鹏鸟，拍打着巨大的翅膀上升，送我去了天堂。我看到了我走过的山峰消失在远方，我扭转脖子去看神鹰的脸，啊！那居然是你。不是很可笑吗?

为什么把你强加于这样荒唐的念头里？你在意吗？你厌倦我的信了吗？请坦率地告诉我。可能你严厉的斥责对我会有好处。我发现我的思维完全不顾我自己，在不应该去的地方游荡。你的照片还没有从波士顿寄过来，是和你的信一起寄的吗？望安好。

你永远的

觉三

我可否寄给你一件日本羽织外套，这里的面料比起你那里的精致面料恐怕要厚许多。不过可以在冷天穿。你能告诉我你的家徽吗（你娘家的）？能不能寄给我一个小图样？或者你想用你最喜欢的花卉做徽章吗？我的家徽是紫藤。

我真的好多了。

* * *

茨城县，大手町，
日立，日本
:: 1913.5.17 ::

我亲爱的水中月：

你在新年寄的信我收到了。你能为我祈祷我很感动。你如此关爱我让我如何承受呢，我可以为你做些什么呢？我也为你祈祷了。如果天使带着我们的祝福在大洋中间相见，互述私语那一定会很有趣。我倒是很想窃听他们在星光波浪上的窃窃私语呢。你描述的孟加拉国新年和我们这里的新年很相似，我相信你来这里的话会很习惯。真的，我们亚洲是一体的。如果我们能够在云雾缭绕的山峰相会，竭尽毕生的精力书写亚洲大同以及如何塑造更紧密的东方联盟，这会是永恒的快乐。为什么我们没有早些相遇？但是感恩我们终于邂逅。

你问我茨城县在哪里？这是水户北边的一个小海角，也就是东京以北。地图上找不到的。你为什么要读艺术书籍？宾杨（Laurence Binyon）的书挺好的，但是艺术是感知的，理性和论述无法道出真章。你的诗歌天赋能助你打开亚洲艺术的大门，是书籍不能比拟的。为何决定不出版你的诗集呢？不是很可惜吗？你诗歌的精彩在于丰富的内在反思，我羞于再寄给你我的诗歌了，它们难以表达我的感受。就算我的最得意之作也词不达意。如果有可能的话，告诉我你写作艺术的秘密。

别担心询问我的家庭关系会给我带来痛苦。我的思想都是你的，你永远不会伤害到我。可能哪天我会回敬你，问问你过去的感情生活。我们不要开始吵架吧？我真的很害怕惹得你愁眉不展。

请寄给我你的家徽。绸缎已经备好了。

我什么时候能够再收到你的来信？

你真诚的
觉三

你好吗？

我确实好多了。你的照片从波士顿寄来了。让人心醉神迷。这张照片是拍摄于收到我的那首鹿之诗之前吗？真是姿容圣洁。

* * *

茨城县

≈ 1913.5.25 ≈

亲爱的千万个名字之一：

今天早上收到从波士顿转来的你的3月23日来信[1]。奇怪的是，你最近的这些信不是应该早就到了吗？你说我的信封口都破损了。你的也都残破不堪。我奇怪他们为什么要蓄意破坏我们的信件呢？我也与加约森科[2]的葛根·巴布（Gagen Babu）通信。你问问他是不是也收到了破损的邮件。当然，好奇心强的偷窥者看见大篇幅的疯言疯语（我指我的那些信）定会啼笑皆非。内容太危险，对我来说太危险。

你跟我说起你的宠物，你真是开了一个动物园。我也爱动物，但是我太懒了，动物还是野生的比较好。除非我对它们发起战争。多年以前我喜欢打猎，现在我沉迷垂钓。昨天，是我今年夏天第一次海上钓鱼，不过是为了做梦和竭力摆脱胡思乱想的折磨。夏天，我每天早上去钓鱼，早上两三点起床，在船上吃早餐，有时候读读书，和大海浪漫一下，一直到中午。我的船夫是海上的老居民，习惯了水上部落的生活方式。他是一

[1] 有部分信件遗失了，故本书未能收录这里提到的3月23日的信件。

[2] 原文为Jorasanko，位于加尔各答北部，是泰戈尔故居所在地。

个哲学家，就像所有的渔夫，一生都和深海交流；一个大自然的诗人，因为他已能读懂神秘而凶险的大海。我们是要好的朋友，我给他讲印度，他崇拜龙王，就是你们的蛇神那伽[1]。你也许会喜欢他。

我遵照你的指示寄了几首更糟糕的诗给你，其中有一首用古怪的文字写成，供你消遣。当我说“字如念之窗”时，当然是指书面文字，因为口语才是我们拥有的最高天赋，对吗？音质呈现灵魂内涵的能力远远超过思想，不是吗？书写完全达不到那种境界。我想如果我用日语给你写信会不会比用英文好很多。起码我知道如何礼貌地称呼你，也会减少很多粗鲁的冒犯，还可以更好地暗示我的想法。我不完美的英文令我措辞粗糙，但可能更直率。相知之人任何形式的沟通都极其重要，而那些仅满足于知表不知里的人们则未必。请务必再给我写信。我在日本能为你做什么吗？你要什么东西吗？能够为你减轻疲惫生活中的一小点倦怠是我最大的欣慰。我考虑给苏瑞的妈妈和妻子寄日式浴袍，就是女士夜晚在家沐浴后穿的衣服。你有什么别的建议吗？苏瑞不在，他的家人还好吗？

请代我向你的母亲致以最诚挚的祝福。

你真诚的

觉三

[1] 那伽（Naga）：又被称为那迦，印度神话中居住在地下的蛇神，一般被描绘为上半身人形，下半身蛇形的形象。传说它除了拥有剧毒和再生的能力外，更可以掌管生死。它们居住在地下或水中，拥有世间罕有的宝石，可以照亮黑暗的地底世界。在很多神殿的入口处都有那伽的塑像，人们希望可以得到它的守护。后来佛教东传，为了扩大在当地的影响力遂附会当地文化，把那伽翻译成龙。

看到你房子的照片，我开心了好几个小时。我可以想象在那里发生的诸多事情。那头淘气的母鹿怎么样了？给我讲讲你的一天是怎么过的？你是棒厨师、面条师傅，还是体魄强健的管家？你是不是偶尔也很淘气？

奇鸟

神奇小巧的鸟儿落在窗前，
双目灵动像凛利的刀锋，
似神秘之湖上的星斗，
看穿我的灵魂。
羽翎披金是天际的辉煌，
歌声向我落寞的房间投入一缕阳光，
我不知道它的名字，它来自何方。

它带来什么远方消息？
是早已忘却的夏季模糊记忆，
抑或是涌上心头的春季甜蜜预言。
我屏息静坐，
生怕她飞走。
我不敢妄动，
甘愿为她颠倒。

茨城县，1913.5.25

相逢如梦别经年，

手抚孤松思悄然，

岩上侧身夜萧飒，

流星一点入南天。

这首诗的意思大致是：

我们的相遇如梦如幻，我们的别离真实漫长；

我抚摸一棵孤独的松树，慨叹我们命运的相似。

被铁链羁绊的岩石，夜里叹息不安。

啊！流星划过南方的天空，那为什么不是我呢？

茨城县，1913.5.20

* * *

吉塔拉路46号，芭丽甘，

加尔各答，印度

◇ 1913. 5.28 ◇

亲爱的朋友：

虽然你什么都不告诉我，但我在3月底收到你从波士顿的来信时，就知道你不妥。我觉得你急着回家是因为身体不好。因为你对此避而不谈，所以我就不能问了，对吗？但是彼此彼此，我也不得安生。得知你安全返家，有爱你的朋友和家人的陪伴，我略微心安。难道你不相信心灵感应吗？我相信。我们通过它了解的事情比电报多。但是我们不敢信以为真，因为信息传递靠的是不为人知的密码和代码。

你问我是什么困扰着我，我真的不知道。是什么确实的东西吗？是梦还是现实？我不确定，也不敢去深究最终的答案。某种程度来说，我的生活变得不安宁，什么东西打乱了我与世隔绝的平静心灵，我对自己很失望。半梦半醒的状态很幸福，因为美梦大多在半醒的时候降临。然而，完全清醒的、鲜活而知觉灵敏的人，得以洞察内心深处，他便只能感受悲伤，因为这是对“永恒悲伤”的感知。意识到幻灭和不朽，人的灵魂就要承受这把双刃剑的刺入，而无法觉察这到底是心醉神迷还是

肝肠寸断。

是的，我收到了罗宾·巴布的来信，他说翻译的语言不错，但翻译得还是不够贴切。他说，英文版的散文诗可能还没有结晶，意思是还未拥有明确的形态。我自己也发现它们形散意失。他倒没有劝阻我，反而叫我继续翻译。你是不是向他称赞了那些诗歌？他倒是给我一记闷拳，说如果我想出版的话不应该靠朋友。我知道他是觉得我没有好好地利用我的才华，我太懒惰了，我梦想太多却没有付诸实践。他觉得我的弱点是整天闷在家里，处理永无止境的日常琐事。他是男人，不能意识到女人在生活中的种种局限，这关乎女人的天性，她们无法疏远身边的人，总是要先为他们服务，然后才向外寻求发展。她所遵循的头条格言一定是“慈善从家开始”，我知道这一准则会向外扩展，但是如果我试着向外发展，却没有完成家里的责任，这样对吗？我不知道。这样能带来自我满足和心灵的宁静吗？家庭琐事并不可爱，它们令人厌烦，当她要在广阔的天空放飞心灵，却被迫困在围墙中她会苦不堪言。抛开别的，不是因为自私自利，而是听从自己的内心，当别人需要我，而我因为追求梦想没有满足他人，这算逃避责任吗？人生最大的悲哀恐怕是朋友的不信任，被误解很受伤。然而，知道一个人的局限性，并试图顺应，是错吗？告诉我。你明智，有更多的经验。克己舍我会不会到头来都是枉然？我离题太远，是的，当你身体良好，不再为健康担心时，我会把翻译稿寄给你的。你可以和朋友们一起选你们认为最好的来出版。对于它们是否会受到西方社会的欢迎，我不抱任何期望。它们是脆弱的花朵，移植很可能会扼杀它们。坦白地说，对于出版，即便是原版，我都有点退缩。我的第一本书在写完后七年才出版，第二本在这之后很久。我桌子上的手稿足够形成两三本小书了。然而，我不想发给任何传媒或者公众。有几个亲朋好友欣赏，我就足够幸福了。

告诉我你得了什么病，医生怎么说。一定要保重身体，尽快康复。你叫我不要担心，但是得知你病了，我没法不担心。人心不是化石，是对痛苦和开心有反应的活生生的有机体。我也是人，怎能例外。你难道觉察不到我的无助与绝望，我为此多么的痛苦不安。谁知道我能否坚持住，我只能保证我会全力以赴。

我读了好几遍你的歌剧，每一次都能发现新的亮点。我非常喜欢。凝练、匀称，而且逼真。读的时候能身临其境。我相信舞台效果肯定会让人陶醉，我奢望能够去欣赏。请不要怀疑我的真诚，难道我对你还不够坦率吗？可能有时过于鲁莽吧？我刚刚读完契诃夫[1]的一些剧本。它们无疑是舞台剧，但是并不是真正意义上的戏剧。它们充满美妙的寓意，但是不成形。剧情拖拖拉拉，缺少剑拔弩张的戏剧场景。看你的剧本，野蛮的骑士和下面这样的台词展现出激情的力量，让人全情投入，毛骨悚然。

[1] 契诃夫：原文为Tchekoff，可能是黛微的笔误。此处可能指的是安东·巴甫洛维奇·契诃夫（Anton Chekhoo，1860—1904），俄国短篇小说巨匠，其剧作对20世纪的戏剧有重大影响。

“飞吧，你远走高飞吧，

永远无法超越

我欲望的边界。”

请不要为我的忧郁担心，多年来我习以为常，它已成为我的一部分，难办的是，有时候它难以操控会带来麻烦。我无论如何都会尽一切努力平衡我的精神，可能会逐渐获得渴望的平静。济慈[1]的诗句日日夜夜萦绕在我的脑海里：

噢！那一口冷酒，

深藏地下多年的琼浆，

我要一饮而不见尘世，

与你遁入森林幽暗的深处，

远离、消散和静静忘却。

丛林中的你永不知晓，

疲惫、狂热和焦躁的滋味。

我是否会去远东？如果我的想法能够左右事件的进程，我可能有一天会去。我不时地强烈渴望探索。我想逃离这茧缚的生活而一品游牧生活的欢愉。四处游荡，美景是我饥渴双目的饕餮盛宴。我自觉像一名朝圣者而不是游客。我爱旅行，但是我妈妈是个问题。我既不可以带她走，也不可以留她在家里。

[1] 济慈（John Keats，1795—1821）：英国著名浪漫派诗人。

她太虚弱了，稍微有点儿不舒适都可能会导致她大病一场。所以我只能整年地把自己困在家里。其实我一直渴望迁徙。幸好，我从不贪图物质享受。你寄来了你的《海思》。我也寄给你一些我的诗歌，只能回赠这些了。对于一个病人，还有什么礼物比花更合适呢？我的花园里满是香气四溢的白色花朵。夜来香、茉莉花、黄心白金香木和白莲花，芬芳弥漫着整个房子。既不能寄给你，也不能亲自送给你，真的很无助。奉上我的小诗吧，请收下我这一片心意。妈妈问候你，听说你不舒服她很难过，希望你快点好起来。

你忠诚的

普里扬芭达

随信附上一本孟加拉语语法，是一本陪伴了我很久的旧书。虽然不是太好，但我找不到更好的书了。你是不是厌倦我啰啰嗦嗦的信了？坦率地告诉我，你如今在家，还需要我的信吗？

安然逝去

1913.4.23

想你，我活着，

伴你，我当死去，

因为月亮仰仗太阳的光辉，

夜晚，它明亮鲜活，

黎明，它光辉隐去。

无法回归

1913.5.1

我所有的思绪涌向你，

像弯弓射出的箭，

永远无法回归，

来填满我空空如也的心之箭囊。

* * *

吉塔拉路46号，芭丽甘，
加尔各答，印度
◎ 1913.6.4 夜晚◎

亲爱的朋友：

我恳请你原谅我一时大意而带给你的痛苦。最初，我询问你的家庭情况时没有意识到会伤害你，但等过了几天，信已发出无法追回时，我才忽然意识到。我非常后悔，马上又给你写了这封信请求你的原谅，请你不要告诉我任何事情。你现在可能已经收到那封信了。亲爱的朋友，请务必告诉我你已经原谅我，并且已忘却我的冒失、愚蠢和不仁。我再也不会这样了。我会加倍保护和珍惜我梦里披着轻云迷雾的小孤儿，既不会咄咄逼人，也不会不依不饶了。

告诉我你现在怎么样了。新的治疗方式奏效吗？医生当然都是慈悲为怀，竭尽全力帮助我们的，但是有的时候治疗手段会很粗暴，他们既不全知也不全能，紧张是人之常情。现在得知你一切都好，让我松了一口气。你会不会觉得我的担心很可笑或者你怀疑我的真心吗？别怀疑，真的，欢愉可能是幻觉，但痛苦太真实，它与生命一同搏动，所以毋庸置疑。面对焦虑，我通常会告诉自己这不过是无中生有、是情绪化的、是周期性

的、是一个愚蠢的梦，但是我的内心并不辩白，她固执己见，庄严地沉默着，我只好任其自然发展。如果她要忧虑，她一定有忧虑的理由，我只能袖手旁观。你第一封来自波士顿的信问我有没有改变，我不想回答。那个时候估计不太可能。我很怀疑人能改变，但是现在我肯定变了，这改变归功于你。充分了解到痛苦和挣扎对我意味着什么之后，我庆幸自己已经改变。我真的不敢相信，去年10月之前对你来说我还是一个陌生的名字，几个月之后我居然能占据你思维的一部分。你真的把我放在心上了吗？我毫无可取之处，对此我太有自知之明了，然而能得到你的赞赏真的让我觉得很贴心，虽然都是过奖之词。告诉我，你是什么时候开始关注我的？是你离开加尔各答，在穆德拉（Muttra），在孟买，还是在印度洋上？是什么打动了你？你难道不怕我只是一个空中楼阁、客迈拉怪兽（Chimera）、鬼火幻影，或是镜花水月吗？我有可能就是那样，谁知道，我也可能再真实不过！请不要认为我是完美无瑕的，我绝对不是。我只是一个普通人而已，有不可爱的瑕疵。如果我有一些优点，那必定也有很多缺点。很难说我是一个值得崇敬的人。请千万别说你心怀敬意地接近我，这让我很惭愧。我只是一个女人，一个人，这就够体面的了，难道你不同意吗？

我在蜜泽泊[1]的时候，我觉得你神秘地左右着我的思想，当时有些抗拒，就写了下面这首诗。

[1] 蜜泽泊：原文为Mirga Pore，此为笔误，应该是Mirza-Pore，印度地名。

陌生人，为什么传送永不停歇的思绪，

成千上万，一窝蜂似的涌来？

追寻莲花之心的蜜糖吗？

柔软的花瓣封藏在水晶盒中太久。

主动的人啊，

别奢望，哪怕一滴蜜糖。

被蜜糖诱惑的柔弱信使们，

走吧，全都回家吧。

英明的外交官会在颓败的大使馆里浪费生命吗？

对比时间，我发现这与你的《玉树》写于同一天。你看，我相信有心灵感应并不过分。噢，天呀，我在5月7日晚上化身金翅大鹏驮着你去了七重天？你知不知道大鸟背负的是神？—是毗湿奴（Vishnu），宇宙的保护神。那么你得有四只手，分别拿着轮宝、神杖、法螺和莲花。在我成为一只大鹏之前，你必须真正做一个仁爱慈悲的保护神才行。一般当我们想到金翅大鹏时，不单单会联想到力量，还有难以抗拒的谦和。因此，当我们说某人很谦逊时，我们会说："啊，他是名副其实的金翅大鹏。"我也不知道为什么一个强大的人会和谦逊挂钩，可能仅仅是因为他的形象总是双拳紧握，跪在神圣的主人面前吧。你喜欢我扮演这个角色吗？是的，我们在口语中用Kolha来表示一种蕉类水果，的确不够礼貌。Shukla怎么样？这是梵语，意思是纯白，是女性化的形容词，也可以做正式的名字。

你问我可否送我一件日式羽织长袍，如果你高兴这样做，当然可以。我其实更希望有一天你能亲手送给我。告诉我，我应该把它当作披风还是睡衣？你知道我在衣着方面有诸多限制，请不要送太贵重的，颜色方面我完全信赖你的眼光。你问我的家徽——我父亲是库林婆罗门，这个阶层的人们有思想并远离生活中一切多余的东西。我的丈夫是地主阶级，也属于库林婆罗门。我觉得他们没有家徽。如果说孟加拉国贵族有家徽，那肯定是模仿西方而自创的。我认为，只有皇室和刹帝利的首领才有古老而货真价实的家徽。我喜欢所有香气四溢的白色花朵，例如茉莉和夜来香。莲花是我们的国花，菊花是你们的国花吧？从这些里面选，你选的一定比我选的好。这封啰嗦的长信是时候结束了。恐怕你已经厌倦了。我吐胆倾心，既不谨小慎微，也不循规蹈矩，相信是你的善良和正直促使我这样做。我寄两首诗给我梦中的小孤儿——请别淘气，要用童真之心来阅读。第二首大约就是上个月 4 号你给我写信的时候写的[1]。又验证了心灵感应。真诚的祝福。

普里扬芭达

[1] 1913 年 5 月 4 日冈仓天心的信中写道：“你就当我是你海滩上被遗弃的浮瓶，或是躲在轻云迷雾后的弃儿而接受我，好吗？”同一日，黛薇也创作了一首《沦陷》。两首诗中提到的“孤儿”和“孩子”与冈仓天心信中的“弃儿”不谋而合。

孤儿梦

我醒来，你在我怀里，
用我爱抚的目光把你唤醒。
你伏在我的胸口，我沉睡入梦乡。
在火热的一天，
我用生命的甘露哺乳你、抚慰你，
使你能够永生。

我的宝贝呢喃着，
在我耳边奏起无人敢说的甜言蜜语，
用你纯洁的手抚摸我，
你不是淘气莽撞的幼神，
你靠在我起伏的胸口，
用无限纯真的眼神注视着我的双眼。

1913.4.17

沦陷

如果你用强有力的铁拳敲击我的心灵之门，

你当然不屈不挠，相信自己的力量。

但是你迟疑的触摸，

柔软甜蜜得像个孩子，

祈求进入母亲的房间。

啊，哪个女人能够拒绝这样的请求呢？

面对祈祷的双手谁能吝啬给予呢？

拿走我的礼物，穷困潦倒的人，

让我知道无欲之心的平静，

无求之日的快乐。

我在丰收的秋天原野里呼吸，

我在掠过小雨的白云里呼吸。

让我也辉煌一次。

1913.5.4

* * *

吉塔拉路46号，芭丽甘，
加尔各答，印度
:: 1913.6.13，夜晚 ::

亲爱的先生：

如果是月亮的话，为什么不在天空呢？为什么在水里？聪明的人以为这样就容易捉到她了吗？他们认为她在天上难以接近，那么有没有想过潜入深水去追寻她会怎样呢？在水中，她只是一个倒影，一个拉长的幻影，并且经常原形都不保。若要水中捞月，势必将她打碎，那千千万万个闪光的碎片会散乱地随波飘散，更别妄想捕捉和打捞了。在天，虽然遥不可及，但起码是端庄的实体。月圆月亏，即将陨落的生命怀揣着焦灼的心，发散滋养的光辉去滋润并唤醒枯萎的植物、蠕动的爬虫、可爱精致的花朵和甜蜜私语的树叶。你有没有想过白天的月亮，她与世隔绝的安住在海洋之王的宫殿中，众神都不会梦想着得到她，更不会搅拌涌动的水来捕捉她，因为永恒的圣杯总是甘露满溢吧？

告诉我你是怎么想的，请别笑我滔滔不绝。

我们到底值不值得拥有生命中的善与恶呢？如果我觉得悲伤来了，就会非常难过，因为我们惧怕它们。对于幸福，我们

总是不觉得我们已经超额拥有，因此，我们应该更快乐。我要反过来问问你，我为何有幸得到你如此善意的关怀，如果你能给我一个满意的答案，那么有一天我会投桃报李。有人会知道这些事情的起因和缘由吗？或许和这一生没有任何关联，谁知道，没准和另一世有联系，一定是这样。为何一定要寻根究底？就让生命中保留一些神秘，这样没准会梦想成真，日新月异呢。我已经和你说过很多次了，我是一个难相处的人。我不是思前就是想后，总是忽视当下。发出上一封信之后，我慢慢清楚地意识到，我的心灵开始复苏，你可能觉得你的堂吉诃德式的骑士派痴狂之心要负上某种程度的责任。但不是这样，我认为不是。你想知道的事情，我都会倾我所有告之你，只为博你一笑。如果区区几个字能够照亮生活，为什么要吝啬呢？如果你真的开心了，我也就满足了。我知道我赢得了一个朋友，你不认为你也得到了一个朋友吗？那么我们各自的责任就是让对方成为最真实、最好的自己。我只要求善意的关怀和温柔的体谅，从今往后，我把这些都给你。有些话我们只能说一次，因为必须说，因为保持沉默会令双方都痛苦。一旦说了以后，沉默就是最好的表达方式。我们一边轻柔地捻数念珠，一边在心灵的最深处为对方默默地祈祷。

为什么我们要吵架呢？未免太早了，还没有机会正经说话呢，现在别吵！我们智慧的先人的遗训是，宁可说一百句话，也不写一个字。我完全没有遵循规定，谁知道我会受到什么样的惩罚呢？你要是来了，一定会失望，因为我知道我可能一句话也说不出来。你会对我开恩吧？我真的是一个沉默寡言的人，除非心情很好时，我会滔滔不绝，但不是说话，而是诉诸笔端。

为什么反击呢？我有开战吗？如果我宣战了，你就知道你会赢吗？如果你问我过去的“感情生活”，这根本不是报复。我很乐意告诉你一切——这么多年的沉默是心灵的重担，抒发出来倒会令人轻松许多。你知道狄更森先生向我问起你吗？我们在谈论你的《茶之书》的“花”那一章，他忽然说：“冈仓先生很迷人吧？”我吓了一跳，和他说：“不过，他是一个沉默寡言的人。”这位老先生没听出弦外之音，继续滔滔不绝。

我们这儿最近天气一直不好。一连两周天都是灰蒙蒙的，雨不停地下，乌云密布，没有一丝阳光。风无精打采地刮着，树木顶着雨水低头伫立，黯然垂泪。没有闪电，没有雷鸣去唤醒人们。我的心一路沉下去，想挡也挡不住。我渴求阳光，颓丧至极。

你说你的思想都是我的。但你又吝惜你的诗歌，不愿意把它们作为礼物送给我。它们不能表达你的想法吗？如果词不达意的话，你是怎么写出来的呢？你说它们不够好，请别低估我的能力——给我一个机会来评价它们。很抱歉，我也曾经想过不再寄我的诗给你了。你拥有的够多了，够你读一辈子的了。但是我还是寄了，因为我不是你。虽然我们远隔千里，但是总在相同的时间有相同的想法，不是很奇怪吗？你想过乌云笼罩的山顶，我比你早一个月有相同的想法，所以就寄了这首诗给你。我能帮你写什么东西吗？我很无知，既不精通历史，也不明白复杂的事情。你知道只有我的心有时会绽放出诗篇的花朵。它们会给你什么提示吗？你想知道我写作艺术的秘密？我觉得毫无艺术可言。当情绪来临时，我只是感知，并写下我的感觉而已。我有一种预感，知道绽放的花朵在等待采摘，不能耽搁，否则它们就会枯萎消亡。我的职责就是不假思索地把那些浮现在脑海中的诗词写在纸上，赋予它们迷人而跳跃的韵律而已。潜意识的活动多于有意识的努力。所以，如果我觉得它们不够好时，我很无奈。我既不能修改，也不能重写，时机已过，我只能摒弃它们。

是的，照片是在收到你的那首诗之前拍的。你喜欢，我很开心。我必须停笔了。这些信欠缺克制的艺术。我希望你看完就扔掉，不要保存。能很快收到你的来信吗？请务必写得勤一些。长时间收不到你的来信让人担心。你现在还好吗？我上周病了，不得不卧床，现在好了。我晚些会再告知诗歌出版的情况，翻译的还不够一本书。致以最诚挚地问候，晚安。

我是普里扬芭达

疑问[1]

我是金翅大鹏，像鹰一样振翅翱翔，
是你让我冲上云霄吗?
与你共同飞向海角天涯吗?
在云雾笼罩的悬崖峭壁建造险峻的巢穴，供我们夜晚沉睡，
然后继续向无垠的宇宙进军?

我头顶珍贵浓密的羽冠，
你要让我跃进多么深不可测的深渊，
要让我穿越何种梦幻般阴影笼罩的国度，
这是要去到此生之前吗?

作于 1913.4.13

[1] 黛薇的这首诗作于1913年4月13日，诗中的自己变身为金翅大鹏冲上云霄，而天心在1913年5月8日写的信中提到梦见黛薇化作金翅大鹏拯救跌入深渊的自己。黛薇附上此诗，以此证明两人虽然远隔千里，却有心灵感应。

* * *

吉塔拉路46号，芭丽甘，
加尔各答，印度
≈ 1913.6.24 ≈

亲爱的先生：

最近收到你完好无损的信，封口也丝毫无损。为什么你不说我的信里也充斥着大量的疯言疯语。你觉得我会生气。我还没有那样傻！要不然，难道你这明智之士真的认为这些烦琐冗长的宝贝信件满载着东方智慧？尽管这些书信看上去傻傻的，我倒不觉得有什么好惭愧的，反而庆幸，因为你说你喜欢它们，而我也写得很开心。下次见到葛根·巴布的时候，我会问他信的情况。

我一定会喜欢你的船夫。他会不会给我讲很多神秘莫测的故事？（你会翻译的，对吗？）他会给我讲他的所见、所知，甚至他猜想的事情吧？他会讲那个拿走玉手箱并再没回到龙王女儿身边的浦岛太郎[1]的故事吗？你是怎么给他讲印度的，他

[1] 日本民间故事。浦岛太郎在海边救了一只被小孩子欺负的海龟，海龟为了报恩，就带浦岛太郎去参观龙宫，并接受龙宫公主乙姬的热情款待。在龙宫待了几天的浦岛太郎想起家里的妈妈，便跟乙姬表明自己想回家。乙姬虽然不舍，还是让浦岛太郎上岸回家，临走前还送了他一个玉手箱，并嘱咐他千万不能打开那个玉手箱。上岸后的浦岛太郎发现陆地上已物是人非，问清楚别人后，才知道原来他在龙宫待了几天，却是陆地上的好几百年。一时手足无措的浦岛太郎忘了他与乙姬的约定，打开了那个玉手箱，结果原本面貌年轻的浦岛太郎一下子变成了近百岁的老翁。

会想来游览菩提迦叶吗？告诉我，你们的语言说起来像梵语一样铿锵吗？我正坐在这儿端详日文，尽力找出和我们古老梵文字母的相似之处。

你爱大海，我也爱。我永远不会忘记第一眼看见大海时的心潮澎湃。那是在普里，一个日出的清晨。大海超越我所有的梦想，因为它是那么的浩瀚无垠。地平线无法束缚它，只能在其中间画一条线，任其滚滚奔向无际的天涯。这使我想到生命，想到爱，它们不会被束缚在地球上，死亡也妄想局限它们，大爱无疆。头几天，我整天注视着它，不分昼夜。我夜不能寐，更没法看书，因为这些都阻碍了我看向大海的视线。然后，我喜欢浸泡在其中。浪花拍打、拉扯、轻推、摇荡，冲击着我，惬意极了。我冲着它大笑大叫，能够找到一个喜爱的玩伴，真让人开心。海浪的涌动不定成就了宁静圆满。傍晚，太阳突然纵身入海时；黎明，她红彤彤而神清气爽地跃出海面时；金色的月亮圆盘被海面上无数光的银丝缓缓拉起时，我总是在海滩，凝视着它，心满意足。告诉我你在海里垂钓时，可否钓到什么梦吗？是幸福的美梦吗？寄给我一些。

你问我每天做什么？在这幢寂静的小房子里做梦比做事多。我早上五点半起床（我不许起得太早，女孩子太宝贵，就像糖娃娃，既不能沾了露水，也不能晒太阳，雨水也要尽量避免）去花园走走，看看我的植物，告诉园丁如何修整，叫他割一些蔬菜用来下厨，并采一些花来装饰房间。我乐意亲力亲为，因为我不喜欢草率地对待我的花草。我们一般自己处理花，有时

候也让园丁处理。他是一位老园丁，不让他处理，他会觉得受伤。妈妈六点半起来，我就喝早茶，但是不吃东西。然后我去商店采购一天的食物。干完这些，通常母鹿就被带出窝了，我会给她喂食。有些日子我用刷子清洁她的身体。她很感恩，用她的脸摩擦我，寻求爱抚。她的名字叫伊娜，梵文“母鹿”的意思。她的膘肥体壮是以女主人越来越瘦为代价的。让我的身体消失殆尽吧。妈妈负责喂饲鸟儿。她不是太喜欢母鹿，所以这可怜虫更亲近我。七点半，我晨浴并准备上早课。苏瑞的爸爸每天来读一个半小时的书。我们在温习《奥义书》。我也教他法文。我们十一点吃早餐。之后，妈妈就回她的房间休息，我也回我自己的房间。我自己有一个小房间（就是照片上开着一扇窗户的那间）。在这间房里，我度过整个白天和半个晚上——我夜里和妈妈睡。在这个小房间里，伴着金丝雀的啼声，我阅读、写作，做白日梦以及无所事事。我表亲的儿子，一个可爱的小男孩，现在和我住在一起。我教他功课、着装和有条理地安排生活。他放学之后，我们一起享用下午茶。如果我不外出，就会躺下休息一会儿。如果要赴约，我就再沐浴更衣出去。我们晚餐用得很早，八点半之前会回到家。我们一般就是去拜访住在附近的亲戚。我喜欢散步，如果有人陪我一起，我宁愿不坐车。这样就过了一天。我不是一个好厨师，很惭愧。我只能做一些普通的菜式，几款甜品和一两样讲究些的菜。我学了一些不实用的道德伦理学、心理学、植物学（我大部分已经忘得差不多了），却没学烹饪，我只得自学。我会一点绣花，缝缝补补，但是不会做衣服。我不得不管家，但是并不像一个理想能干的家庭主妇那样精明、细心和循规蹈矩。我既没用，也不赏心悦目，是一个不合格的主妇。我容易精神紧张，即便听到法官公正的宣判都会战栗。虽然不是很强壮，但是我能够忍受肉体的痛楚。我曾经做过手术，并自愿不接受麻醉。我安静地坐着，只是不能控制嘴唇的颤抖，我的医生叔叔看到我那样，强忍眼里的泪水，称我是勇敢的女孩。他说我是沉睡的火山，难道你就不怕我哪天会在争论中爆发出滚热的岩浆把你连枝带叶一起埋葬吗？我擅长一件事，就是照顾病人。我能熬夜，试过一连几天坐在病床边都不觉得累。我喜欢教导小孩子，他们有趣，所以当他们犯傻时，我不会不耐烦。最后，但仍然很重要的是我对小婴儿充满热情，为他们付出令人快乐。我想我诚实地列出了一些我擅长的和不擅长的事情。如果这封信浮现出些许利己主义，别怨我，是你开始的，你想要验证一个人承诺说实话却不知不觉地夸大其词或将小事化了。如果有冒犯，请务必原谅我。

告诉我什么令你苦恼？请千万别担心，不要感到焦虑或者伤感，如果你那样的话，我会很不安。让过去的过去，不操心未来，专注现在。纵使当前伤痕累累，踉踉跄跄，就像一个有缺陷的孩子，我们仍会对他倾注关爱。如果不能给予更多的关爱，那么就做到刚刚够就好。半夜两三点起床，梦醒就去钓鱼，明智吗？我真心希望这样不会影响你的健康。对我来说，外文总是很难，我也不知道用孟加拉语写信会不会更好些。然而我

还是感恩，因为这至少让我们有可能沟通。你不乖，声称热爱印度的人从来不会懒得学她的语言。

苏瑞会在27号离开英国，7月中旬回来。他的家人都很好。我不大知道你说的要送给他妈妈和妻子的浴袍是什么款式的，不过你知道我们的穿衣习惯，相信你的选择。你在日本能为我做的无非是别让邮差空手而来。你说我应该要什么，面对选择时，我会有障碍，欲望一下子都消失了。你喜欢寄什么给我都可以，我一定会开心。寄给你两张我表兄拍的照片，一张是你爱的无瑕白雪，另一张是奔腾的浪花。告诉我你觉得怎么样，特别是第二张。还寄给你一个不值一提的小礼物，一个空钱包，请接受并把它派上用场。你能打开吗？你“糟糕”的诗歌使我悲喜交加，一定多寄些给我。我坐在这里，兴致勃勃地看着你的毛笔字，它们神秘莫测，让人浮想联翩。呼吸吧，尽情享受生命的微风。被剪掉翅膀，或身受箭伤的鸟儿，即便不能飞走也会歌唱，直唱到声音沙哑，眼神黯淡。我淘气吗？是的，有时候会。大部分顽皮的种子早就被榨干了，人的天性不能被全部抹杀。我珍视临终审判前的垂死喘息。忽然，有个灵魂医生给我的生命注入生机，我听到我的心脏搏动得越来越强劲。我也觉得人的一生就像根系快速生长的树木，他们唠唠叨叨、唉声叹气，不断伸展枝条，呻吟动摇，但是被环境所迫动弹不得，受困终生。可怜的我们，可怜的生活，多么悲伤，却又多么甜蜜。妈妈让我捎去祝福，我没什么给你的，现在有了——这封信。

普里扬芭达

* * *

茨城县

◇ 1913.6.28 ◇

亲爱的月亮精灵：

漫长的等待之后，终于收到你一个月之前的信，还有孟加拉语语法。我现在在家，是否需要你的来信？这是什么问题？我还要问问你是不是需要我的信呢。告诉我，你是不是真的还没有厌倦我的来信？孟加拉语语法看起来很有挑战性。我试着看看。我语言学习能力很差，当然不只是语言能力。

你问了我一个了不起的问题——生活的局限性——克己与自由。你知道我绝对不适合回答这个问题。相信我，你的自然日常生活最重要。你照顾母亲，你对家庭生活中那些琐碎但重要事情的兴趣，比任何你在外界所获取的成就更实在。我不光是指女人，男人也一样。我们都知道为社会做贡献意味着什么。对我来说，做一个人比做一个社会的公仆更重要。我们要努力在局限性内实现理想。日常生活中的忧虑与磨难比敌人更难战胜。让我们一同接受苦难，并肩持久奋战。

你说你为我的病情挂心，这令我担心。医生说我的病是20世纪的常见病——富贵病。我在世界各地吃得太杂，给我的肠胃和肾脏造成了负担。不过，我觉得我又好起来了，我想9月去中国。所以请勿挂心。我倒是很担心你的情况，你说你又开始坐卧不安。我也伤感，盼望早点死去，脱离苦海。但是我还有苦有悲，有不安的感觉，这又令人欣慰。保重自己。

你的

觉三

你还没告诉我你的家徽。

你的诗一如既往的精彩。我特别喜欢那首《无法挽回》。

* * *

吉塔拉路46号，芭丽甘，
加尔各答，印度
☆ 1913.7.4 ☆

亲爱的朋友：

这星期没收到你的来信。日本的邮件每十天来一次，上次是6月23号收到你的来信。十天已经过去了，这个星期恐怕收不到信了。谁知道下周会不会运气好些呢？你不收到信是不会给我写信的。我5月29日寄出的信要6月的第三个星期才会寄到。所以一直到漫长的这个月底，我都不用期待和你有任何沟通了。如果人总是很理智、讲道理、泰然自若，从不奢求不可能的事情，就会避免大部分痛苦，但是难道你不觉得这样也会失去那仅有的一点点快乐吗？我幼稚地认为我们同心同德的轻快感觉已经在心里消失殆尽，我陷入抑郁。但是我的这些伤感并不都是自私的。你身体不好，没有消息，这也令我很担心、无助，因而保持沉默。我祈祷，相信万事皆有好的一面，期待最好的结果。难道你看不出来吗？因为我承受了太多生活的磨难，更增加了我感受痛苦的能力，内心变得极其敏感。为小事而欢欣，也为小事而深深地忧虑。然而，超级软弱、浅薄和拙劣的代名词“我”，不能给人丝毫安慰，让自私的示威停止吧。

我们说点别的吧，倘若你知道了你的《白狐》在这里大受欢迎，你会很开心吧。如果你赞同我的建议，叫女主人公 Shukla（u 发类似 oo 的音），请先别用，可能这个名字也不适用于歌剧。碧碧对《白狐》的评价很高。我的一位外国女性朋友和你认识的那位孟加拉作家也这样评价。他是画家阿本·泰戈尔(Aban Tagore）的女婿，他很擅长写作，品味挑剔，只赞赏货真价实的东西。我的外国女朋友很可爱，她是爱尔兰和意大利混血儿，天生的美学爱好者，对艺术充满激情，富有诗意和浪漫情怀。她温柔善良，有柔和而梦幻的眼睛，举止优雅，笑容甜美，并且总是装束迷人。我相信如果你见到她一定会喜欢她。我喜欢她，然而她如此欣赏我倒令我很惭愧。她一有空就从家里跑出来，在我这里待一整天。大家都笑她对我太上心了，但她一点都不在乎。妈妈很喜欢她。你自然明白缘由。

说说你自己，那本关于中国艺术的书进程如何，什么时候完成？你现在恢复到可以开始工作了吗？你什么时候写写你漂泊的生活？我相信这个题材的书肯定吸引人，不是吗？我的诗歌翻译得还不错，但它们都是短的，我觉得我得多写一些，这样你会多点选择。我在尝试翻译我去年写的一些关于大自然的诗歌，是关于日、雨、雾和电的自然现象，还有包括荒野树木、冬日田野、天空、土地和大海的壮丽景观。不知道为何，它们的颜色使我想到我们的神：湿婆、黑天、拉达、罗摩、梵天和塔罗等。我们神话的色系，男神和女神的复杂区别，在我看来，无非就是永恒的蓝、绿、灰、白和朱红。这些颜色就是我们眼中的各个季节的拂晓与黄昏、黑夜与月光。而星光闪烁的天空无非就是千眼因陀罗神在夜间不停地醒来，渴望得到甜美温柔而稚嫩的地球少女之爱，诸如此类。这个想法吸引人吗？我发现新的翻译有点难，但是在我不屈不挠的努力下，希望结果不会太差。雨还是至高无上的统治者，间或有阳光，风在呼啸，大雨如注。如果不是酷热的湿气一直挑战人类身体和意志的极限，日子总还是过得去的。

希望能早日收到你的好消息，并致以诚挚的问候。

再见

普里扬芭达

* * *

东京

◎ 1913.7.7 ◎

亲爱的宝石之声:

你6月4号的来信我收到了，如获圣音。我完全好了。整个宇宙好像都突然年轻了。你问我什么时候开始倾慕你。我觉得是从之前的几次偶遇开始。开始得很自然，9月16日我们在查得利家吃晚餐，还有你在苏瑞的船上客串女主人时。你是那样优雅谦和，非常与众不同。在我启程的那天晚上，我越发被你吸引。你那双可爱的眼睛有什么神秘的力量?你让人神魂颠倒，但我完全不敢表白。你请求我原谅你给我带来痛苦，你难道不知道我早已力不能支，情愿为你画地为牢?

我在东京待两周开委员会。所以，你看我现在安好健壮。三天前，我的新船下水了，它叫龙王号，是我自己设计的——日本渔船和美国游艇的结合，看起来性能不俗。这个夏天我将在水上度过，一尝海上漂流的畅快。我不知道，也不在乎会在哪里靠岸。

我决定用菊花作为外套的徽章。你会喜欢的。

你的

觉三

你可以告诉我你和苏瑞的关系吗？他说你是他的表亲。怎么会呢？

忏悔

昔日爱人，
抑或暗恋情人。
我把拙诗编成歌集，
抛向美丽的少女；
我把砂砾当成黄金，
戴在自信的眉梢。

然而，你一降临，
我的琵琶顿然失声，
我怎敢卖弄思想之花，
我怎敢扬起低沉之声，
噢！我的心肝宝贝，
因为大海和星辰都在为你歌唱。

＊＊＊

吉塔拉路46号，芭丽甘，

加尔各答，印度

☆1913.7.9，夜晚☆

亲爱的朋友：

今天天气真好，天空柔和明亮，阳光充足但并不刺眼，整个天际细密地笼罩着一层柔和的雾霭。空中有白云滑过，却不留下任何沉重的阴影，田野、树林被雨水沐浴过，一尘不染，翠绿迷人，甚是养眼。凉爽的微风拂面，轻盈而欢快，我心情轻松，感到一种久违的宽慰，渴望已久的幸福在心头泛起。忽然，所有的悲伤、失落和渴望都瞬间消失，取而代之的是沉淀心底的温润满足。所以，从清晨我就期待着告诉你，即便我们远隔千里，我也要和你分享这突如其来的平和。所有的悲怆在心中融化成柔情，所有的私欲，至少在今天都消失殆尽。我觉得我足够坚强去耐心地承受一切重担，做到善解人意，而不再草率鲁莽。上一封信恐怕不够和善。我太担心了，一个人可以对闪电雷鸣泰然处之，面对细密的针棘却会心乱如麻，坐卧不安。一些小事情已经让我失去耐心，更别提杳无音讯的你，你的身体状况让人焦虑。我很抑郁，恳请你原谅我，如果我使你难过，这并非我的本意，我很伤心，恳请你的谅解。你有没有这样感觉过：当你的状况不堪，持续受压，生活变得面目全非而不可救药时，有时忽然不知不觉地，不费吹灰之力，整个精神状态就改变了。你的心充满温柔的怜悯，你感恩戴德并心甘情愿地接受一切。你觉得之所以能够坚强地面对所有的挣扎，仅仅是因为天空那么明朗，阳光那么明媚。如果你家乡的雨也这样下个没完没了，你会不会也像我一样幼稚，雨一停就很开心？我在读赫恩（Samuel Hearne）的生平和信件，他生活中的一些恼人事件都被公布于众，为什么会允许发表这种东西呢？你知道他吗？他的妻子和孩子到哪里去了？我读过了他大部分关于日本的著作，他真的很喜欢日本，并且写作风格很迷人。说说你在读什么书呢？我在修改我的诗歌译稿。抱歉地告诉你，我觉得它们很令人失望，它们看起来有些轻薄肤浅。它们真的是这样吗，还是因为我的思想转变了呢？请坦率地告诉我，它们是不是真的值得出版。另外必须说的是，翻译成外文之后，它们看起来很干枯。原本文思细致，但翻译后则失去了所有的精致美妙，甚至看起来有点粗糙。你说我该怎么办呢？它们是脆弱的花朵，而我非但不是一个艺术大师，也没有一双灵巧的手，无法保存它们的优雅和美丽。我是否能够下定决心把它们呈现给陌生人，也许最后却招来嘲笑和怜悯呢？如果你要的话，我当然会把全部稿子都寄给你，但是在发表之前，你会再询问一下别人的意见吧？我怕你偏心，以至于疏忽了许多缺点。今天随信寄给你一些。

如果说白天是美好的，那么现在的夜晚就是迷人的。月亮在整个天空洒下柔和的光芒，无数的星星像许许多多的船灯，跳动闪烁着，向浩瀚无垠的宇宙开启永恒的星际航程。它们携

带了什么信息，运载了什么好东西？我们的想法，我们与日俱增的渴望新生的旅程也如春风般吹到天际了吗？我独自坐在打开的窗子前，平和静谧，邻居们都已进入梦乡。我头脑清醒，心满意足，没有一丝睡意，更别提做梦了。然而，我很开心。写作完毕后，我会熄灯，黑暗笼罩。我邀请月光带来远方的消息，揭示那些白天的光亮和被噪音吓褪的景象。每天晚上睡觉前，我闭上眼睛，坐在黑暗里，让时间和空间的意识慢慢消失，摆脱肉体的局限，我化作思维和灵魂，我的最爱就近在眼前，没有分离，没有告别。

你有没有尝试过像这样集中思想？就像祈祷的人一样，如果不是独自一人在黑暗中，有些想法就不会涌现在脑海。苏瑞将于13号那个星期天回来，他的妻子和妈妈得多开心呀。孩子们都好。碧碧和普罗摩托还住在19号，他们自己的房子还没弄好。罗宾·巴布做了手术，这也是苏瑞推迟回来的原因。我听说手术很成功，罗宾·巴布要等到初冬才回来。我听说葛根·巴布的邮件也有问题，他会在信中告诉你的。我们能不能采取什么措施避免这些问题呢？告诉我你怎么样了。当我意识到等待你答复的时间要以月计，收到的来信带来的也是一个月前的消息，我就非常不安，常常忧伤不已。我要竭尽全力，启动最坚定的信念来帮我渡过当下的生活。我不幸软弱时，你会为我渡过难关而助我一臂之力，对吗？送上我妈妈亲切的问候，和我最诚挚的祝福。

普里扬巴达

＊ ＊ ＊

吉塔拉路46号，芭丽甘

☆ 1913.7.15 ☆

我每次从无数的名字中挑选时，我都只是考虑猎奇的新鲜感。然而，我忘记了，只有神和永生者才会有幸从众多的名字中选择一个。啊呀，这是令人怀疑的特权，我总是记不住。我觉得众神对我的无礼感到愤怒，所以故意让某人健忘，而我还要佯装经常被他想起。我谦卑地取消所有雄心勃勃的选择。我知道无知和不谙世故造成我的轻率，所以现在我接受教训。除了一个名字之外，我别无他想，让我好好解释一下。我一直认为“宝石之声”不太适合这个嘈杂的世界——喇叭和号角要好很多。清脆的银色铃铛只适用于修道院或寺庙。你这位生活在环海岛屿上的聪明人，你的世界里，可怜的月亮闪着纯洁的光芒，黄昏散发着芬芳，千百个名字也如夏日蜜蜂的歌声飘进一眼看不透的丛林，那是多么久远的过去呀，当下比那遥远的回声还微弱。这封信长途跋涉，就像一片历尽风霜的苍白的树叶，布满雨渍，又累又破，能唤醒你的回忆吗？你早就想吵架了，那么就让暴风雨开始吧。竭尽全力地保卫自己吧。告诉我你是

不是真的想这样。要不然，骑士精神[1]禁止挑战。

天空呈青灰色，风暴的间歇，大雨倾盆之后是连绵的阵雨，再懒也得赶快关上窗户，防止雨水进屋浸坏了宝贵的书籍。啊，多么讽刺呢，只要关闭窗扉，自我保护，洪流就会停止，无垠的蓝色就在阳光下熠熠生辉。这时，凉爽的微风又温柔地爱抚着，叫人打开窗棂，让它进来。这一天就这么过去了，在阴影和阳光中变幻，在朦胧迷雾和温柔笑靥中摇摆。

苏瑞昨天回家了，状态极佳，一切顺应变化渐入佳境。他忙于办公，开开心心并身强体健。你收到孟加拉语语法了吗？我寄去有一段时间了，有用吗？诚挚地问候。

我永远只有一个名字

普里扬芭达

[1] 骑士精神：在中世纪，骑士是贵族，是国家的精英阶级，有保卫教会及国家的责任。在战争来临时，骑士必定身先士卒保护弱小，与日本的尚武文化有不少相似之处。骑士精神包括了英勇无畏、崇尚荣誉、怜悯弱者、诚实守信、谦卑礼貌、执着、大公无私这些美德。黛薇在之前的信中称天心有堂吉诃德般的骑士精神，寓意他英勇无畏又有点傻气。她在这里用“骑士精神”代指天心，是告诫他不要挑战。

* * *

茨城县

≈ 1913.7.22 ≈

亲爱的莲花宝石：

你说伊娜长得膘肥体壮是以消耗女主人为代价，你想让身体消失殆尽。你是不是真的病了？是我给你的生活带来太多的伤痛，所以你想干脆消失吗？原谅我、忘记我、责备我，无论怎样，只要能让你平静和安心，我都心甘情愿。一想到你为我而遭受不必要的痛苦，我就难以忍受。

我待在东京和它附近地区的那两周都很忙，但现在已经回来了，昨天收到你的两封信。我工作时，你的名字时常出现在我耳边。我没法给你写信，信件看起来空洞无物。只有登上去印度的船才能表达我的心情。我苦恼不安，居然去查了船的班次。难道我疯了吗？今天你的第一封信是对我极好的鞭策。你真的就是圣观音的化身。你叫我自由地生活，帮助别人，做回我自己。我会尽量尝试去这样做。

我越来越震惊于我们思想的巨大差别，你澄清如明月，我混浊似泥潭。我恣意妄为、自私自利、愚蠢透顶、粗鲁冷酷、残破不堪，带着生活中因不光彩斗争而留下的丑陋伤疤，我真的配不上你。我不知道你眼中的我是怎样的，但你肯定没发现真正的我。所有这一切难道不是一场梦吗？令人欣慰的是你也会不时地淘气一下，就算为了我也好。你现在不如发一下脾气，提醒我的荒唐透顶，对我会大有裨益的。你会吗？

关于你的日常作息，你还没告诉我你晚上几时休息。

匆匆收笔，以便能赶上邮递员寄出。

你的

觉三

狄更森教授刚写信告诉我他在日本。我很开心能见到他，他沾了你的仙气（拿咱俩的话来说）。我嫉妒伊娜。

感谢你的钱包。我知道，你并未尽述你的特长。你完美得让我恐惧，告诉我你有什么不会的吗？

* * *

吉塔拉路46号，芭丽甘，
加尔各答，印度
1913.7.27

亲爱的朋友：

告诉我为什么你不写信，非要收到我的信才写吗？有什么区别吗？或者忘记了吗？如果我知道真正的原因，就不会像现在这般无理和焦急。我真的期盼你的来信，没必要矜持，我的行为作证，就是这样。尽管你保持沉默，我还是给你写信。有付出就有索取，这不是伤害吧？告诉我，为什么这么不在乎[1]。距离和沉默慢慢筑起一堵坚实的墙，遮住天堂的光线和空气，让人在黑暗中窒息，就像囚徒一样。过去的三个星期，我像被困在地牢中，艰难喘息，竭尽全力想摆脱这种恐惧。我在黑暗中跌跌撞撞，四处碰壁，伤痕累累。可能我忽视了自己的存在，但如果我们两个都这样就太无奈了。让我们珍惜彼此，或许我们也可以从我们的弱点中拾到对他人宽容的力量。我知道从今以后的生活需要强大的内心，这种无尽的分离意味着持续的痛苦，那么尖锐，有时似乎让人无法生存下去。但我相信事实不

[1] 原文为 immterial，笔者推测是笔误。应为 immaterial，意思是：不重要、不在乎、无所谓。

是这样的，为比生命还宝贵的事情痛苦其实是至高无上的喜悦。面对偶尔的软弱，这样的认知一定会支撑我，使我振作。面对神圣双手献上的礼物，谁忍心让自私的行为和负面的想法来玷污它。如果无法避免磨难，那么我相信，一想到我没有为他人制造痛苦，而是承担了痛苦，我就倍感安慰。如果你母亲还在世，你永远不会说想要以死来解脱痛苦的话。你不知道失去孩子对母亲意味着什么，我知道，所以尽量别这么想。我自己的悲惨经历使我能更为我的妈妈着想。尽管如此，她还是分外愁苦，她已失去了健康的身体，没有我就会更加无助。你可以想象，除此之外我几乎没有生存的动力。

很抱歉打扰你，让你知道我有多么担心你的健康。我知道，为我无能为力的事情而如此煎熬是愚蠢的，但是我天生就这样，这是比理性和智慧更强的天性。我紧张得病倒了，然后痛苦似乎缓解了一些。我知道不该如此不安，因为即便我们远隔千里，我恐怕还是会影响你，使你情绪低落。我尽量不这样，坚定信念，相信祈祷会到达祷告之手无法触及的地方，仁慈的上帝也不会挑战我的极限。你会听医生的话，谨慎行事，是吧？不要做任何伤害身体的事情。告诉我，医生说你能康复吗？你很难受吗？现在去饱受战争摧残的中国安全吗？你有能尽心照顾你的朋友吗？我经常想到你的妹妹，有空给我讲讲她。她和你一起住吗？如果我询问你“天马行空式的生活”，你不会生气吧，对吗？我想和我的对比一下，看我们有没有什么共同之处。

今年的雨超乎寻常的延绵不断，经常是气旋式的天气，一连几天见不到阳光。对于穷人来说，是难过的一年。年历上预言着各种各样的灾难。连续超过一周的坏天气之后，天空晴朗起来，迎来了一缕温和的阳光。我打开这间小屋的所有窗户，柔和的微风吹进来，窗前的草地绿意盎然。原本满是白色花朵的花园，现在挤满了淡粉色的小百合和金色的向日葵。一切都是那么安静、平和、美好，但始终有一丝缺憾。看天空的白云悠然地飘过，好像是它们乘风而行，主宰着风的步伐——但是事实上它们不会被风吹到它们想去的地方。我们也是，生存在这一世，从来无法自由自在地做自己想做的事，只有在做我们应该做的事情时是独立的。承蒙你的栽培，我真的将要成长成一位名实相符的有着东方智慧的女人。所以你肯定觉得我不需要你的教诲了。

你现在一定收到我的那封有关家徽的信了。照片完好无损的寄到了吗？你觉得它们怎么样？这里人人都好，我的妈妈让我向你致以亲切的问候，我送上诸事顺利的祝福。

你的

普里扬芭达

* * *

茨城县

1913.8.2

亲爱的女士:

我屡屡提笔，却乏善可陈，着实奇怪。诸事道尽，没有什么可写的了。功成名遂，没有遗憾，只心满意足地等待死神降临。一切都是虚空，没有黑暗，却充满神奇的光芒。雷电交加的喧嚣却带来无尽的静谧。我觉得我就像独自坐在大剧院的君王，孤独地观看着精彩绝伦的表演。你能理解吗?

真的没有什么好写的。

希望你一切安好。你真的好些了吗?我身心愉悦。

你的

觉三

嘱托

我死时，

勿鸣钟，勿展旗。

孤寂海岸松叶下，

把我静静地埋葬，

她的诗歌置我胸前。

让海鸥吟唱挽歌。

若要立碑，

植几株水仙与幽香的梅，

也许一个遥远的白雾夜晚，

听到她踏着甜美月光而来的脚步声。

1913.8.1

* * *

吉塔拉路46号，芭丽甘，
加尔各答，印度
◎ 1913.7.5[1] ◎

亲爱的朋友：

你宝贵的信太短了，我远未满足，我值得你写更多的信。得知你的状况，知道你身心愉悦，我很开心。告诉我，你是不是真的很开心？虽然现在我感觉和你亲近了很多，但是一种奇怪的羞怯感袭来，难以形容。我不说你也明白，你知道我为什么这样。你在别人家开始注意到我，在我家时完全没有留意到我吗？比起真人，你更喜欢我乔装打扮的女主人？你真坏，再不和你说话了。告诉我，那天下午，为什么你沉默寡言？迷茫地坐在那儿，手里拿着空杯碟不知所措，后来还是苏瑞帮了你的忙。我正想帮你，他抢了个先。他和我没有血缘关系，只是和我舅舅乍得利斯（Chaudhuris）家族有联姻关系。你知道我有四个舅舅都和泰戈尔家族联姻。所以出于礼貌，他们以表亲称呼我，事实上我们并没有什么血缘关系。告诉我为什么你想知道，如果苏瑞真和我有血缘关系你会更开心吗？

[1] 这是黛薇写给天心的最后一封信，天心没有看到就离世了。虽然信上的日期是1913年7月5日，但这是一个笔误，真正的日期应为1913年8月5日。因为信中回复了冈仓天心1913年7月7日写的信。回答了冈仓天心关于她和苏瑞的亲属关系的问题。所以此信不可能写于7月5日。

你很喜欢他，对吧？他真是一个好人。泰戈尔家族是我们最好的朋友。我从小就认识他们，视他们为我的近亲，也总是得到他们的关怀和照顾。我希望自己能足够幸运拥有像苏瑞这样的兄弟。你知道，就像在你们国家一样，在我们这里，浅色眼睛很罕见。我小时候，经常被伙伴捉弄嘲笑，让我生气。他们甚至认真地问我是不是在黑暗中看得更清楚[1]。所以我一直都很烦恼这件事，但是最近看你弟弟的书，他说你们认为有浅色眼睛的人天生比较肤浅，真令人羞愧。但你不这样认为，那么我这双可怜兮兮的眼睛也好过些。我真的希望你不会认为我很肤浅。你想以死来“解脱痛苦”，听你这样讲我有多难过，我没法说。你不会再这样想了，是吗？请答应我，千万别这样想。多说说你的新船，它能进行遥远的海上航行吗？如果远行，你的老船夫会跟你一起吗？我真心祝福你驾驶新船启程，愿你健康、快乐和满足。

我最近身体很差，不得不卧床休息几天。有一两天发低烧，烧退后一连几个星期都浑身乏力。每个人都说我看起来病得不轻，所以我将去然池待（Ranchi）待几个星期。我大概这个月的 17 号出发，9 月的第二个星期回来。我不能待太长时间，因为和我一起住的小男孩现在不放假。我相信我会健健康康地回来。每年夏天我们都会去山区，但是去年妈妈在那里患失眠症，所以今年就没去。如果夏天不去山区，加尔各答就是平原中最好的地方。所以我们就在这儿待着，结果我病倒了。请就按照

[1] 在印度，阶级划分严格，少数高等阶级的人的眼睛是浅蓝色或浅绿色的。黛薇有一双浅色的大眼睛，她在这里抱怨小伙伴们嘲笑她的浅色眼睛像猫一样，在暗处可以看得更清楚。

平常的地址写信，无论我在哪儿都可以转收到。房子就维持现状，只是我不在而已。请别担心。我一定会康复归来。因为我没病，就是过度紧张。整个冬天我都伏案写作，从黎明到深夜，一连几个月的透支。从2月开始不舒服，体重渐渐减轻。医生开了各种补品，但是我知道只要离开城市几周，宁静和沉默会令我康复如初。我受够了城市生活，因为我的心不在这儿。日子就这样流走，感受不到一丝完工后的慰藉。灰尘、噪音和匆忙的一切，让我不舒服。有时候虚弱得想干脆病一场，逃离现实。说说你有什么新闻。

今年的夏天很短，雨季早到，现在还在不停地下着雨，这恐怕是城市病所致。奥里萨（Orissa）发洪水，穷人们更是困苦难熬。在孟加拉国和奥里萨，庄稼现在不能按时播种，即便有些地区能播种，秧苗也被洪水淹死了。我常常想到穷人们，令人忧伤，这艰难的一年来势汹汹，他们太可怜了。

你为我的外套选了菊花，我正在想怎么把莲花送给你，等我想好了再告诉你。最近三天我不得不卧床，我躺着什么都不做，只看书。你知不知道奥斯卡·王尔德的《自深深处》？是他在监狱的最后几个月里写的。每一行字都散发着与生俱来的美感，表达的方式独特迷人，你知道这本书，是吧？如果你没有的话，我寄给你一本。我想把迷人的东西和你分享，别忘了告诉我你看过没有。

英文的再见是那么优美，就是“上帝与你同在”的意思。我就这样祝福你，愿你开心、快乐。

你的普里扬芭达

* * *

东京

1913.8.11

亲爱的女士：

我刚刚邮寄了一系列绣有各色花式的日本服饰给你，希望你能笑纳一部分，另外一些分给你的家人。我在东西上标注了所送之人的名字。以下是给你的：

外套 1 件（有菊花徽章的长袍）

菊花图案腰带 1 条（女士腰间宽装饰带，也可以作其他用途）

腰带 1 条（所谓的博多织）

菊花图案饰带 1 条（腰带）

给你母亲：腰带 1 条。

给苏瑞的母亲：腰带 1 条。

给那个叫碧碧的：腰带 1 条，红色饰带 1 条。

给苏瑞的妻子：腰带 1 条，红色饰带 1 条。

给苏瑞的孩子：饰带 4 条。

我还寄了 6 条浴袍，你可以在家当休闲服穿。你留 2 条，剩下的分给你的母亲、苏瑞的母亲，碧碧和苏瑞的妻子。

希望你们能笑纳。

你忠诚的

觉三

附注：我求你做一件事。附上小额加尔各答日本银行的支票。望你知晓要付关税之事（我不知道关税多少，申报价值为100卢布）如果钱还有剩，就算我送礼物给伊娜或者你喜欢的人吧，可以吗？我想博她们一笑，哪怕只是片刻。她们能够陪伴你，我很欣慰。如果还有剩，你就买些玩具给孩子们好吗？当然，如果钱不够也请告诉我。我明天该回茨城县了。我与狄更森短暂地会过面，我很喜欢他。

望你安好。

* * *

越后赤仓温泉

☆ 1913.8.21 ☆

亲爱的宝石之声：

不瞒你说，我晕倒了，低烧并伴有心脏病并发症。医生嘱咐我在山上卧床静养，我于上周和女儿以及最要好的妹妹来到这里。请勿担心，并不严重。疗效已经显现，我不会病很长时间的。明年11月就要去美国做交换教授。我的中国之行可能要取消了。

命运天注定，真的很神奇。我之前一直健壮如牛，直到最近终于开始尝到生活的快乐时，就病倒了。这可能是对我青年时期狂傲不羁的职业生涯的报复。但是我心静如水，满怀感激，感恩上苍迟来的恩赐。我心满意足，甚至狂喜。我对枕边环绕飘浮的云朵大笑。

这里是我在妙高山腰的一处远郊住所。这所房子海拔3500米，坐落在死火山上。有一间房里，晶莹的碳酸泡沫温泉不分昼夜地吐着泡泡。从我的窗口望出去，妙高山（散发幽香的山）的山峰在西面挺立，远处隐约可见黑姬（黑公主）摇晃着满头的黑松林，她旁边伫立着向伟大的天神祭祀的饭纲妖怪（堕落的伊莎娜）。[1] 东边玛德蓝山脉涌现出无数绿色和紫色的山丘，一直延伸到南部。这是振奋人心的景致，真希望你也在这里。还是不要吧，我不想你看到我衰颓的样子。

你好吗？穿那件外套了吗？

原谅我在病榻上的潦草字迹。

你的

觉三

你的信刚收到。我现在不想吵架，不过你还有这个想法也不错。

苏瑞平安回家，我很高兴。

[1] 此处的黑姬指黑姬高原。饭纲妖怪（Idzuna）是日本神话中的一种妖怪。伊莎娜（Ishana）是印度神话中主管东北方的神。天心在这里运用拟人的手法写出附近黑姬山和饭纲山的景色。

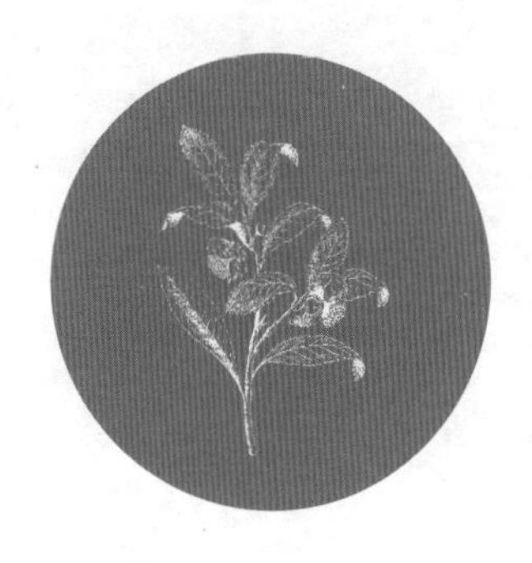

忆冈仓觉三[3]

苏瑞德拉南特·泰戈尔

秋宓 译

[1] Okakura Kakuzo, *Collective English Writings III*. Tokyo: Heibonsha Limited, 1984, pp.232-233.

* * *

关于冈仓先生的回忆有些不成系统，都是由互不相关的片段组成，有点《爱丽斯漫游仙境》的味道。这种感觉似乎很不合情理，因为我极为珍视我们之间宝贵的友谊。这当然也不是因为他离开太久，事过境迁，敬爱之心减退的原因。我想那一定是因为他那含蓄的人格魅力，难以与任何特定的语言、行为或事件联系起来。

应修女妮薇迪特的邀请，她喜欢我们叫她罗莫克利希纳和威维卡南达的弟子，我出席了威维卡南达的挪威女弟子奥尔·布鲁夫人的家庭派对。记忆中的奥尔·布鲁夫人是高雅温柔的典范，而妮薇迪特就像她有点任性的女儿。我们应邀与尊贵的客人——日本杰出人物，日本美术学院创办人，刚刚完成巨著《东洋的理想》的冈仓天心会面，这是他第一次访问印度。

对他的第一印象我记忆犹新。他坐在女主人旁边，中等身材，壮实健硕，一袭黑色丝绸和服，上面绣着一个五瓣小白花的家徽。手持红褐色枝条和树叶装饰的竹纸扇，脚蹬日本布袜和草鞋。他的面相与其说是日本人，倒不如说更像中国人。眼睑沉重，留着胡须，肤色红润。他悠闲地坐着，但表情郑重严肃，不停地抽着埃及烟卷。

冈仓沉默寡言，但总有人不停地跟他说话，主要是妮薇迪特，很明显，她为了我们而想让他多说说话。然而无论是围绕他还是他的国家，所有谈论最终都回归于一个焦点，就是他的书。妮薇迪特一直很荣幸能够详细研读并帮助他订正手稿，对此，他以一个深鞠躬来致谢。

过了一会儿，冈仓不见了，我也觉得派对接近尾声，正打算要离开。这时，妮薇迪特一脸神秘地带我走进隔壁房间。通过一个指示门，我进入了一个镶瓷砖的阳台，只有一张桌子和两张椅子，冈仓坐在其中一张椅子上，还像刚才那样镇定自若地抽着烟。虽然我资历尚浅，年岁也较他小很多，他却没有任何架子，彬彬有礼地对我鞠了一躬，示意我坐在他旁边的椅子上，优雅地摊开手掌赠我一支香烟。我这才发现他那宽大的和服袖子里有整整一盒烟。

冈仓的英文听起来有些吞吐不畅，好像想不起来合适的词汇，但最终他总能说出要说的词。“你如何来效忠你的国家？”他突如其来地抛出第一个问题。我吃了一惊，当时我完全没有意识到，后来才猜想到这可能是妮薇迪特故意叫他激励大家。对于这样的谈话我毫无准备，我的回答毫无条理，我大概是想试着表达，我们为了国家改良而进行的一切尝试都困难重重。我仍然记得在长篇大论之后，我心虚地得出了蹩脚的结论，那便是，事实上我们每个人都做出了小小贡献，而成效只能靠日积月累。

默默地听完我的谈话，冈仓评论道，他已经不是第一次听到这样的回答，他对我们年轻一代意气消沉的发言感到忧伤。然后他健谈起来，开始描述他截然不同的成长环境。对我来说，他第一次露出的一丝微笑是在回忆他幼年时的一件事。有一次，他听到隔壁有吵闹声，他透过缝隙偷看时，看到他已失去头颅的叔叔的躯体还保持坐姿，脖子上的大血管像喷泉一样涌出鲜血！第一次会面就这样过去了，这也是他最后一次在我面前戴上沉重的面具。

之后就是一片空白。我甚至想不起来是否在加尔各答再次见过他，不知为什么，下一个在我脑海中浮现的场景是我们两个坐在莫汉特[1]位于菩提迦耶客房的宽大阳台上。冈仓还在吸烟，不过这次拿着小巧的半孔陶制水烟壶，可以保持凉爽的水温。他一点都不严肃，反而对我笑容可掬，大概是因为我是他的客人，而他又是莫汉特的客人吧。

那是夏天，吃完英日式早餐[2]，我们回到阳台的座位，阳光愈发猛烈，户外的空气燥热如火。和冈仓一起居住的一个日本老牧师发现他的扇子扇出的风炙热难当，还不如不扇，他不时地从袖子里拿出一个小巧的日式温度计瞟一眼，显示刚刚 108 ℉而已。当水银柱一超过这一刻度时，他绝望地缩在毯子下面，口中喃喃自语，好像是“太热，太热了！”对于印度出生的我来说这点热度没什么，我和太阳神关系融洽。冈仓虽然从未体验过印度太阳的威力，但来自太阳升起国度的他也还好。我们在阳台上渡过了一天，冈仓隔着水烟壶，徐徐地道出他来印度的缘由。

他告诉我，原本他来印度只是为了向佛陀献上崇敬之情，但远没得到心灵上的安宁，因为寺庙的状况和周遭环境的破坏令他极为痛心。于是，他有一个建造小型信徒聚居区的愿景，人们来自五湖四海，房子都围绕在寺庙周围，因地而建，为共同的和平美好的愿望而献上丰富多彩的服饰和生活仪式。这个灵感来自对（威维卡南

[1] 莫汉特（Mohant）：经天心在印度的朋友介绍，莫汉特为天心提供寓所暂住。
[2] 英日式早餐：原文为 breakfast in Anglo-Jap style。

达）大师启蒙的不断思考。冈仓天心似是心血来潮的行动派，他觉得最好现在就请求莫汉特准许在这片土地上即刻开始建造一个这样的聚居区，在第一批信徒到达之前，就让那个老牧师同伴全权负责。其实，冈仓在此停留是靠一个朋友的安排，还未办理必要的正式手续。

一段时间之后，我们才得以被安排与隐居在宫殿屋顶的斜顶阁楼上的莫汉特见面。他以一个隐士的姿态，心怀感激地接受了冈仓的礼物，并报以深鞠躬，声称他由衷地欢迎来自大日本国的特使。但是，当我作为翻译，解释了冈仓的请求之后，他明确表示自己无能为力。作为英国领区官员，他肯定不会转让任何土地给一个亚洲外国人，而且如何向高层领导申请批准，他也毫无头绪。所以，冈仓的菩提迦耶[1]神社的高端艺术集体崇拜的梦想就此破灭了。

我的下一个记忆跳跃到冈仓暂居在我家附近的那幢房子的时光。白天，他一整天都趴在床上的长枕上，忙着写下一本书——《东洋的觉醒》；晚上，我们兴奋地围坐在他的桌子旁，听他悲叹“白祸”横行东方，亚洲在思想和精神上盲目崇拜西方“邪教”的炽热言论。他征求我们的意见，不，他坚持让我们发表批判意见。他看起来很乐意采用我们提出的更尖锐的词语和露骨的讽刺。

冈仓的读者们可能很奇怪，我们对打断他精彩的句子并没有忐忑不安，他的句子那么严谨，又有如此强烈的表达力。我只能借口说我们幼稚得不可思议，对新发现的使命倾注了满腔热忱，而且彻头彻尾地感受到这位了不起的朋友就是我们中的一员。记得后来我困惑地发现出版的书上非但没有这些“改进”，而且语气似乎更缓

[1] 菩提迦耶，又称佛陀伽耶，是释迦牟尼悟道成佛处。现在成为佛教徒心中的圣地。

和了。回头看那个时期的恶作剧，我很有理由怀疑冈仓的真正目的是唤醒我们。

然后，我们一起旅行。冈仓想在印度四处转转，而我是他的向导，一个糟糕向导！

搞清楚那烂陀的方向之后，我们向一个当地农场主租了一头小象。骑在光秃秃的象背上颇需技巧，要身体向后倾斜并死死地抓住勒着小象脖子到尾巴的一条绳子。就这样我们骑象越野 30 英里，翻山越岭，雨天被淋个透湿，晴天则被艳阳暴晒。每当遇到满口比哈里语（北印度语）的农夫时，我就用我蹩脚的加尔各答印地语徒劳地发问。有一件事我们没做，就是没去位于荒山野岭的大学废墟。无辜的冈仓，无法想象一个受过教育的印地人儿子的印地语是如此不可救药。他只能如此评论，如果这件事净饭王一定要说了算，也就难怪悉达多太子会厌世了。[1]

我们向那烂陀大学（那烂陀寺）艰苦进发导致冈仓有点发烧，我马上劝他坐火车去我最近的一个朋友家小憩几日。当我把旅伴冈仓介绍给我的朋友时，看着他一脸的惊讶，我只能强忍着不笑出来。冈仓为了旅行而自己设计的行头是一件带帽子的披风，中式布料，出自加尔各答裁缝之手，这道家袍子与周遭环境格格不入，奇怪之至！不管怎样，我的朋友为他的客人提供了病号餐食和醒神食品，然而我们这位病人对牛奶、肉汤或红酒这类营养食品都不感兴趣。“大米粥，”他说，“我在日本发烧之后就吃这个有效。”冈仓把软熟的米饭放进热水里搅拌，喝了满满一碗后，他又恢复了体力，

[1] 印度有许多种地方语言，北印度语（Hindi）又被称为印地语。对于印度复杂的语言种类，天心打趣地说，净饭王（悉达多的父亲）允许印度有如此复杂的语言系统，那么悉达多厌世，要出家修行也不难理解。

随时可以继续我们的旅程了。

我们向西行进时，时常停下去拜访沿途的朋友，而不是观光。每每遇到好奇的旅客，我总是被拉到一边被无休止地盘问，你这个穿着道袍的神秘朋友到底从哪里来？为什么这样？到哪里去？我会回答说这位来自远东的人不过是想旅行找乐子罢了，但没有人相信，我也就麻木了。

冈仓的旅行装备极其简单。一个日式藤箱，装着几件棉布和服，根据天气情况穿一件或者多件，每次停下休整时他都会把它们洗干净。除此之外，他还有一个耐用的大布包，顶部用一条带子绑紧，里面有好多小包，以颜色区别，分别装有洗漱用品、书写用具、画笔颜料，居然还有钓鱼钩，加上各种各样的艺术品小摆设，用来当作礼物送给一路上遇到的朋友。床上用品只有一条草垫子用来铺在火车铺位上。

一路上，冈仓给我讲他在中国之行遇到的有趣的奇闻轶事。他东拉西扯，后来就讲了一件事。他到了一个内陆的村庄，有一封信要寄，就去邮局盖章寄信。那个中国邮政长官坐在门口的长凳上，每接待一位新客人都会先问年龄。当得知冈仓较年长时，那位邮政长官立刻叩头，邀请他入内，和他称兄道弟，并祈求他能成为自己的兄长，让他视邮局内的所有东西为己有。之后的一个多小时，邮政长官亲切友好地询问他这位尊贵来宾的生活状况，他的家人如何？他和家人有什么困难？最后，当冈仓终于成功地把谈话转到当务之急时，这位可怜的邮政长官彻底崩溃。邮票？早就没货好久了，也不知道什么时候会再到货，也没有任何其他的办法能把信寄出。

冈仓偶尔也会谈谈艺术。我记得他告诉我树木也有灵性，不过

把树木作为物种归纳的人看不到，它们只向虔诚冥想的艺术家显灵。他对某些石拱门线条的感觉做出的评论，恐怕让我难以理解。当他发现喜欢的东西时，他通常仅仅依靠手势来告知我他的喜悦，他会把两个食指尖结合构成箭头形状，并向那个方向微笑和鞠躬。这让我想起有一次，一位冈仓欣赏的孟加拉艺术家拿来一幅未完成的画作寻求他的建议。冈仓什么都没说，取两根火柴以一定角度摆在画作的一角，那位艺术家说这揭示了一直令他迷惑的缺陷本质，而且改进的方法也找到了。

在孟买，冈仓看见一艘日本蒸汽船停泊在港口。于是他想让我尝尝日本清酒的味道。清酒不但味道醇美，而且日本的各种场合和仪式上都少不了它。他自己也想搞一点存货。如果不让拿下船怎么办？那就必定要走私！冈仓让我穿上一件有大口袋的大衣，这样的大衣非他的和服莫属了。我们全副武装地登上了船。面对迎面而来满脸疑惑的船长和军官，我的朋友向前一步，头微微倾斜，仅仅说出了冈仓这个名字，他们马上把双手放在膝盖上做深鞠躬状，一边大口吸气，一边咕哝着恭维道（后来我才明白）：“草芥！草芥！卑微如您脚下之草芥！”礼节完毕，我们解释了来意，对方微笑着承上的几瓶清酒，进了我的口袋和冈仓的袖子。黄昏时分我们满载着违禁品通过海关返回，一路畅通无阻。

酒店提供的伙食里，冈仓对一种叫作“孟买鸭子”的脆烤鱼干情有独钟。因此，当我们继续向北部进发时，他拿了一篮子生鱼干以备不时之需，因为平价旅社的烹饪通常难以恭维。我很快就习惯了从凳子下面的篮子里发出的刺鼻味道，但是其他旅客就不像我那么能忍耐了，只要还有“孟买鸭子”剩下，他们就会避之不及，因此通常车厢只剩下我们俩。

整个旅行中，我不需要担心细枝末节。一切都在预料中，冈仓深深地赞叹阿布辛贝勒神庙发现的大量创意设计。他还用力地拿起一个嬉戏大象的石头装饰带，看看艺术家如何灵活地处理那些沉重的物件。有一次，金庙里的锡克教徒对短剑的崇拜激起了他的武士情怀。我们在月光下观赏泰姬陵，参拜了阿克巴陵，觉得住在建筑装饰复杂的法特普希克里城（胜利之城）里会多么地不舒服。每次进入寺庙，冈仓都赤着脚，穿着印度式的腰布，对他来说，靠近所有的神社都应心怀敬意，虔诚备至。

然而，我脑海中最深刻的印象还是冈仓的身影悄然地融入到孟加拉国边远山村的景色中。在奥尔省和包尔省，我们的旅行即将结束了，可是他的道袍在当地没有丝毫的不和谐。看着他漫步在小市场和集市中，徜徉在小河和寺庙边，从不沉溺于这片疲惫土地日渐消逝的光辉中，却为挥之不去的平凡美而深深沉醉，为这一方土地的风土人情与手工艺术而陶醉不已。我这才意识到怀着博爱之心的中国古代旅行者，是多么容易对印度生活一见如故。冈仓说，一些孟加拉国的小习惯和家庭用具向他揭示了日本佛教仪式中许多含糊不清的元素。

冈仓这次的印度之行在我印象中的最后一幕是他温柔地安慰哭泣的妮薇迪特，她的导师斯瓦米·威维卡南达去世时，冈仓一直陪伴在她身边。他没有那种艺术家特有的神秘感，至少他没有以超凡脱俗的方式去安慰她。无论如何，对于异常激动的妮薇迪特，他沉默的同情似乎有一种魔力，远远比其他信徒所说的“上帝带给你安宁”之类的智慧话语有效得多。

我们的第一次分别一点都不伤感。冈仓说他很快会再来；我则盼望不久的将来会有机会访问日本。我从未踏足日本，但冈仓真的回来了。

冈仓的第二次，也是最后一次印度之行发生在几年以后。

我不等那艘日本蒸气货轮停靠码头，就迫不及待地顺着船边的一个打结的绳索爬上甲板，船还在顺着码头移动，刚好没人发现我，因此避免了冲突。

看见我突然出现在甲板上，冈仓脸上的笑容里带着一丝惊讶。“一点都没变！”他招呼我。但是，唉，我觉得他变了。他还是那样鞠躬，还是那样微笑，却有一丝难以琢磨的异样，好像阴影笼罩了他，也可能他从那时候就开始生病了。命中注定这是他的最后一次印度之行，虽然我们当时并不知道。

这次的相聚非常短暂，他确实还像自己人一样，和我到处拜访朋友，追忆旧事，但是总有点什么不一样了。

最后，我俩坐在火车站的餐厅里，冈仓的火车半小时后就要开了。我第一次看到他神情忧郁。他一直翻动着面前的食物，却一口都没吃。“你不舒服吗？”我问他，自己也难以开怀。他抬眼看着我，脸上浮现出一丝苦笑。“难道你就不明白吗？”他只说了这一句。

不久以后，从海外传来他病逝的消息，那是在收到他的告别礼物之后。他给我的妈妈和妹妹寄来礼物，他也随我称呼她们为妈妈和宝石妹妹。我们从未失去他，他永远和我们在一起。

***

参考文献

＊ ＊ ＊

奥斯卡・王尔德．自深深处 [M]. 朱纯深，译．南京：译林出版社，2008.

蔡春华．东西方文化冲突下的亚洲言说：冈仓天心研究 [M]. 北京：人民出版社，2017.

茨城县天心纪念五浦美术馆．茨城县天心纪念五浦美术馆所藏资料选 [A]. 2017.

冈仓天心．茶之书 [M]. 谷意，译．济南：山东画报出版社，2010.

冈仓天心．东洋的理想 –建构日本美术史 [M]. 阎小妹，译．北京：商务印书馆，2018.

冈仓天心．冈仓天心全集 [M]. 东京：平凡社，1980.

冈仓天心，九鬼周造．茶之书・“粹”的构造 [M]. 江川澜，杨光，译．上海：上海人民出版社，2011.

江川澜．夏目漱石的百合 [M]. 上海：上海三联书店，2012.

泰戈尔．泰戈尔散文诗全集 [M]. 华宇清，编．冰心，郑振铎，吴笛，等译．杭州：浙江文艺出版社，1990.

＊＊＊

ATMAPRANA P. Western Women in the Footsteps of Swami Vivekananda [M]. New Delhi: Ramakrishna Sarada Mission, 1995.

BHARUCHA R. Another Asia: Rabindranath Tagore &OkakuraTenshin [M]. New Delhi:Oxford University Press, 2006.

CARTER M. Isabella Stewart Gardner and Fenway Court [M]. Boston: Isabella Stewart Gardner Museum, 1925.

CHONG A, MURAI N, ABE S, et al. Journeys East: Isabella Stewart Gardner and Asia [M]. Boston: Periscope Publishing, 2009.

HADLEY R.The Letters of Bernard Berenson and Isabella Stewart Gardner, 1887–1924: With Correspondence by Mary Berenson [M]. Boston: Northeastern University Press, 1987.

HORIOKA Y. The Life of Kakuzo[M]. Tokyo: The Hokuseido Press, 1963.

Japan's Greatest Critic Tells of Japan's Art [N]. The New York Times, 1904-03-20.

KORHONEN P. The Geography of Okakura Tenshin [J]. Japan Review, 2001, 13: 107-128.

KELLOGG L. C. Memoirs of an American Prima Donna [M]. New York: The Knickerbocker Press, 1913.

LA FARGE J. An Artist's Letters from Japan [M]. New York: the Centry co., 1897.

OKAKURA K. Collective English Writings I - III [M]. Tokyo: Heibonsha Limited, 1984.

RICHARDSON B. The Book of Tea: Introduction by Bruce Richardson [M]. Perryville: Benjamin Press, 2011.

TAIKAN Y. TaikanJiden [M]. Tokyo: Kõdansha, 1981.

TAYLOR PATTEN C. Miss O'Keeffe [M]. Albuquerque: University of New Mexico Press, 1992.

The Trustees of the Isabella Stewart Gardner Museum. East Meets West: Isabella Stewart Gardner and Okakura Kakuzo [A]. Boston, 1992.

致谢

(Acknowledgment)

＊ ＊ ＊

衷心地感谢茨城县冈仓天心纪念美术馆馆长塩田釈雄及同事们热心接待我，耐心解答我的疑问，提供珍贵的图片，并慷慨赠书。

感谢波士顿伊莎贝拉斯·斯图尔德·加德纳博物馆慷慨地提供一系列精美图片，热心推荐与冈仓天心有关的书籍和文献，为我的深入研究提供了很大帮助。

本书关于《茶之书》的引用全部来自由山东画报出版社于2010年出版的，谷意译的《茶之书》。仅此对译者表示敬意，感谢他为我们提供如此精良的译本。

I would like to express my heartfelt gratitude to Mr. Shiota Shakuyu and the wonderful team at the Tenshin Memorial Museum of Art, Ibaraki who have supported me on this project by providing precious pictures, catalogues and advice.

Sincere thanks also go to the Archives team at the Isabella Steward Gardner Museum who have been so helpful and generous with information and images.

后记

＊ ＊ ＊

当我坐在大观庄酒店大堂的沙发上等待服务员打电话寻找懂英文的人帮忙时，我细细地打量着这个偌大的大堂，明显是老式酒店，但窗明几净，服务员彬彬有礼，笑容满面。我怎么会千里迢迢来到这个偏僻的日本东海岸，不可思议。

一切从我迷上茶开始。我有一股子热血，喜欢什么就要做到极致。爱上茶，就开始大量搜索有关茶的书籍。于是，理所当然地买了《茶之书》，满心欣喜地想从中汲取茶的知识。怎知，其中既没有茶的分类，也没有泡茶技巧，真正以茶命名的章节也只有一个。我却越看越有味，书中隽永的语句，既幽默又睿智，让人欲罢不能。写于一百多年前的书，还这么耐看，必是经典，我不禁关注了一下作者——冈仓天心。后来发现这本书的原文居然是英文，一百多年前的一个日本人，用英文写了一本世界经典，这在我心中留下了深刻的印象。后来，我还以鉴赏《茶之书》为题材写了一系列文章，但都是浅尝辄止。

又过了几年，我在英国偶然看到一本原版的《茶之书》，书的开篇是关于冈仓天心的介绍。当我读到他在美国大街上以英语回击种族歧视者，揶揄对方是“monkey”或“donkey”之类的时候，不禁莞尔；又读到他告诫儿子：如果你英文流利的话出国就可以穿和服，但如果英文磕磕巴巴时就最好穿西装。这是一个怎样的人呢？

服务生把电话递给我，电话那端传来一位女士的声音，她用英文欢迎我入住，说如果有任何事情都可以随时打给她，她是店主。居然得到店主的招呼，我受宠若惊。她询问我晚餐几点合适，又告诉我可以随时使用温泉，并说晚餐时见。

五浦海岸是那种典型的本地人观光的地方，鲜有外国人，所以基本没有人会讲英文。这倒歪打正着地满足了我想深入当地人生活的愿望。

酒店房间是传统的日式四叠房间，我一个人住绰绰有余。房间里的摆设很简单，落地窗外有一个阳台，面对浩瀚无垠的太平洋。湛蓝的大海和天空，阳光照进来，米黄色的榻榻米都漾着波纹。打开露台的玻璃门，哗啦哗啦的海浪声混着大海的鲜味迎面扑来，席地而坐，让微凉的海风热情地抚慰着我疲惫的双脚，真是个好地方。

酒店出门左转走几步，就是天心墓。路边有一个很窄的入口，有一小段阶梯通往墓地，那么不起眼的一个路口，我差点错过了。入口有一块形状不规则的石碑，刻着“天心先生之墓”。沿着古旧的石阶拾级而上，两边树丛茂盛，天心墓不过是一个平凡的土丘，土丘前只有几块石头搭成的简易祭台，祭台上插着几株干枯的花草。既没有水仙也没有梅，但不远处婷婷地站着一棵山茶花，是终生敬仰冈仓天心的著名雕刻家平栉田中先生亲手种植的。这是依照天心的意思，保持简单朴素。

从墓地再向前走几步就是六角堂。六角堂又叫观澜亭，语出《孟子》的“观水有术，必观其澜”。置身于蓝天之下，沿着蜿蜒的石路，

穿过滔滔松林，走向另一片蔚蓝。耳边隆隆的浪涛声和着海鸥啾啾的鸣叫声，这分明是交响乐，拿冈仓天心的话来说，那是西方唯一胜过东方的东西。石路开始向下倾斜，脚下的石阶变陡，眼前却豁然开朗，晴天碧海中，墨绿的松叶后面出现一抹朱红，那便是六角堂了。就像冈仓天心当年赞叹法隆寺的梦殿一样，我赞叹六角堂的奇伟。在悬崖峭壁的海角尽头，在海鸥翔集的茫茫天涯，仿杜甫草堂的造型，建一观海的茶室，恐怕只有爱好奇景的冈仓天心才能有如此壮举吧。

晚餐在酒店的宴会厅，地下铺了红地毯，身穿和服的侍女们弯着腰手捧各类盘碗出出入入，门口一个身穿白底红花和服的女孩子笑眯眯地带我入座。偌大的宴会厅里整齐地排列着餐台，台子上摆着写有客人名字的名牌，客人们陆续入座，一切井井有条，这阵势像是什么正规的晚宴。但有趣的是，来宾们大多刚刚从温泉出来，脚穿拖鞋，身穿浴袍，个个红光满面。台子上已经有盖着木盖的石锅：旁边有一只冒着气、下面点着酒精炉的黄铜锅；右边一个淡粉色厚瓷盘上各色刺身静卧在晶莹的碎冰上；左边一个黄色盘中盛着大虾和蔬菜沙律；每个客人面前都有一个整齐地摆了若干小碟子的黑色漆盘，各种不知名的小菜，真是琳琅满目。刚坐定，侍女上了一个黑瓷碟，内有一条红色蒸鱼。她又揭开那个石锅盖，里面是满满的小银鱼，下面是白饭，石锅的热力刚好蒸熟小鱼，晶莹的米饭透着鱼香，真是永远忘不了的味道。她又揭开铜锅盖子，里面是半熟的豚肉，她示意我先吃其他的食物，等一会肉就熟了。她满上一杯清酒和一杯果汁，笑盈盈地退下了。我着实被如此丰盛的晚餐吓了一跳，又因这样贴心的服务而自觉做了一次重要人物。那些刚刚泡完温泉、饥肠辘辘的客人，穿着舒服的浴衣，大饱口福，真是会享受的人呀。

这时，身后有人轻唤我的名字，转头一看，一位身穿浅粉色和服的中年女子微笑地说："我是 Wakako。"她就是酒店的主人，经营这样大的一间酒店，真不容易。她看我不像其他享受温泉和卡拉 OK 的客人，就问我此行的目的。听说我是专程为冈仓天心而来，她热情地邀请我明天一早坐她的车去天心美术馆，还要陪我去日本美术学院的原址。如此盛情，为这美酒佳肴更增添了浓浓的人情味。

第二天，Wakako 开车陪我游览周边，和我一起爬上日本美术学院原址旁边的尖塔。她带我参观酒店顶层一间纪念横山大观的特色房间，讲述当年横山大观在此居住的情景。她还说，一定要试试酒店的露天温泉，还特意嘱咐我在这里泡温泉是不穿游泳衣的。

天心纪念美术馆是一座有灰色屋顶的米黄色大型建筑，建筑风格简洁，面对大海。入口处迎接我的是与我联系过多次的馆长，但我难以相信眼前的这位如此年轻的小伙子就是馆长。他带我参观了一大圈，帮我翻译，耐心地回答我的问题。我离开之前，他递给我一个大信封，里面是他准备的一些与冈仓天心和横山大观有关的东京展览讯息、一本馆藏目录和一张纪念冈仓天心的影碟。

五浦的旅行以美妙的温泉体验结束。面朝大海的露天温泉，把自己完全呈现给天与海，放空、呼吸。虽然是一个人的旅行，但心里是满满的。

把《茶之书》带给我这一路的非凡体验，和冈仓天心鲜为人知的那些往事写出来，如果能为你点燃些许灵感，或是博君一丝莞尔，我就心满意足了。

另外，本书中涉英译中的译文，如无特别注明，均为我所译，如有不足之处，欢迎大家指教。

秋宓

2019 年 9 月 25 日

图书在版编目（CIP）数据

无问西东：冈仓天心与《茶之书》/ 秋宓著 . -- 武汉：华中科技大学出版社，2020.8
ISBN 978-7-5680-6437-8

Ⅰ . ①无… Ⅱ . ①秋… Ⅲ . ①冈仓天心—人物研究 Ⅳ . ① K833.135.72

中国版本图书馆 CIP 数据核字 (2020) 第 129068 号

无问西东：冈仓天心与《茶之书》 秋宓 著
Wuwenxidong：Gangcangtianxin yu Chazhishu

策划编辑：杨 静 田金麟
责任编辑：田金麟
整体设计：璞 闾
责任校对：张会军
责任监印：朱 玢
出版发行：华中科技大学出版社（中国·武汉） 电话：（027）81321913
武汉市东湖新技术开发区华工科技园 邮编：430223
印 刷：武汉精一佳印刷有限公司
开 本：880mm × 1230mm 1/32
印 张：9.5
字 数：227 千字
版 次：2020 年 8 月第 1 版第 1 次印刷
定 价：48.00 元